新农村建设之新农村

XINNONGCUNJIANSHE

郭晓帆◎著

中国社会出版社

图书在版编目（CIP）数据

新农村建设之新农村/郭晓帆著．—北京：中国社会出版社，2009．5

（新农村建设丛书/傅治平主编）

ISBN 978－7－5087－2589－5

Ⅰ．新…　Ⅱ．郭…　Ⅲ．农村—社会主义建设—研究—中国　Ⅳ．F320．3

中国版本图书馆 CIP 数据核字（2009）第 049380 号

书　　名：新农村建设之新农村
著　　者：郭晓帆
责任编辑：李方舟

出版发行：中国社会出版社　　　邮政编码：100032
通联方法：北京市西城区二龙路甲 33 号新龙大厦
电　话：(010)66080300　(010)66083600
(010)66085300　(010)66063678
邮购部：(010)66060275　电传：(010)66051713
网　　址：www.shcbs.com.cn
经　　销：全国各地新华书店

印刷装订：北京京海印刷厂
开　　本：145mm×210mm　1/32
印　　张：6
字　　数：110 千字
版　　次：2009 年 5 月第 1 版
印　　次：2014 年 3 月第 3 次印刷

定　　价：12.00 元

目 录

序

建设社会主义新农村，似乎是个老话题。因为“社会主义新农村”这一概念，早在20世纪50年代就提出过。而在20世纪80年代初，提出“小康社会”概念时，也把建设社会主义新农村作为小康社会的重要内容之一。近两年来，一些社会专家学者倡导“新农村运动”，也都曾提及“新农村”这个概念。但是，我们不得不承认，以前设计的种种“新农村”模式，多数描绘的只是解决温饱问题的农村图画。而最关键的一点是，尽管过去我们不停地喊“建设新农村”，却因为缺乏相应的经济基础，很多时候则是力不从心，新而难新。试想，作为一个农业国，农村人口占了三分之二，在吃饭穿衣的问题尚没有完全解决的情况下，还要拿出微薄的收入支持城市工业建设，这种情况下，“建起新农村”的口号喊得再响亮，不也是无济于事吗？在这样的物质基础上建立起来的“新农村”能够“新”吗？所以，从20世纪50年代喊到现在，几十年了，新农村建设起来没有呢？农村贫穷落后的面貌又改变了多少呢？相反，城乡的差别更大了。

中央重新提及“新农村”，则是老话题里蕴涵着新思路。“建设新农村”，既是对自2004年以来农业新政策的延伸和完善，也是对农业新政策的第一次全面阐述。如果说进入新世纪我们站到了中国经济社会发展的新起点，那么，建设新农村，则是在新的历史背景中，在全新的理念指导下，开始的一次农村综合变革的新起点。

这个起点，是以解决城乡不平衡这个根本性问题为开端的，是贯彻落实科学发展观首先要迈过的一道关口。可以说，没有农村与城乡的协调发展，根本就算不得科学发展。

十六大之后，我们在用科学发展观统领全面建设小康社会的过程中，提出了一个新的发展目标：建设社会主义和谐社会。建设全面小康也好，建设和谐社会也好，其最大的难点仍然是“三农”问题。因为，农业不发展，农村不焕新，农民不富裕，就无法叫“全面小康”，城乡发展不平衡，社会就无法达到“和谐”。过去，我们一面提出建设新农村，一面却在政策与制度安排上扩大城乡差别，或者说，由于我们采取的非均衡发展的策略，让一部分地区优先发展，让一部分产业优先发展，使农业、农村与农民的发展缺乏现实条件的支持，相对城市的快速发展而言，农业却渐成为弱势产业、农村成为弱势地区、农民成为弱势群体。“新农村”终究只能成为一个口号。

我们党提出的科学发展观，逐步将经济社会的发展转到了全面协调可持续发展的科学轨道。中国的发展要从以经济为本位的发展转换到以人为本的发展，要从片面发展经济转向全面发展，要从不平衡发展转向平衡发展，要从不持续发展转向持续发展，首先要解决的问题还是“三农”问题。而解决“三农”问题，就是改变城乡发展不平衡的现实，把经济落后、农民贫困的农村变成一个现代化新农村。

进入21世纪之后，反映“三农”问题的第一个中央一号文件有一个最大的亮点，即提出逐步取消农业税，这使我们沿袭了几千年的“皇粮国税”真正变成古董，对于农村的发展来说，是一个新的里程碑。取消了在农村被视为天经地义的“皇粮国税”，意味着从此不需要农业再为工业提供积累了。从这一个中央一号文件起，中央每年都以一号文件的形式强调“三农”问题。从这一个中央一号文件起，从中央到地方，围绕农民增收这一主题采取了一系列强有力的政策措施惠农强农，初步搭建起新农业政策的基本框架，也为新农村的登台亮相搭好了广阔的社会舞台。而党的十七届三中全会掀起的第二轮农村改革的热潮，承先启后，在继续强调发展现代农业、推进新农村建设的基础上，提出“坚定不移地加快形成城乡经济社会发展一体化新格局”的目标，由“城乡统筹”到“城乡一体化”是一次跨越，也将社会主义新农村建设推向一个新的高潮。

傅治平

第一章

社会主义新农村的全新设计

“三农”问题，一直是中央关注的重大问题。改革开放以来的历次党代会，都把“三农”问题作为重中之重提了出来。进入21世纪之后，中央更是把解决“三农”问题摆到了各项工作的最前面。自2004年起，连续至今的中央一号文件，都强调“三农”问题。在党的十六届五中全会通过的《中共中央关于制定国民经济和社会发展的第十一个五年规划的建议》中，把建设社会主义新农村作为现代化进程中的重大历史任务，摆在全党全国人民面前之后。随即又出台了《中共中央国务院关于推进社会主义新农村建设的若干意见》。党的十七届三中全会，又专门研究农村改革问题，再次作出《中共中央关于推进农村改革发展若干重大问题的决定》，明确了新形势下推进农村改革发展的指导思想、目标任务、重大原则和战略举措，成为指导当前和今后一个时期推进农村改革发展的行动纲领。

一、解决“三农”问题的战略新思路

进入21世纪以来，随着“三步走”战略的“第三步”的起步，以及建设全面小康社会的工程全面启动，特别是构建社会主义和谐社会的战略目标的提出，使“三农”问题首当其冲纳入党和政府的战略思考之中。农村富天下富，农民安天下安。解决了“三农”问题，就攻克了现代化进程中最坚固的关隘，就解决了和谐社会建设的难解之结。在新时期，所有“三农”问题都集中在一个焦点上：建设社会主义新农村。

1. 新时期的新起点

为什么要重提建设社会主义新农村？是因为我们站在一个新的历史起点上。这个新的历史起点具备了建设新农村的条件，解决“三农”问题的时机到了。那么，这个“新的历史起点”究竟“新”在哪里呢？

郑重其事地向全党全国人民提出建设社会主义新农村的重大任务之际，也正是“十五”计划即将胜利完成（主要指标已经提前完成）之际。这个时候，我们的经济社会取得了很大的进步，进入一个发展的转折点。改革开放之初，我国人均国民生产总值不足200美元，到2003年年底，人均国民生产总值首次超过了1000美元。从经济总量来看，改革开放之初的1980年，国民生产总值只有7100亿元。2002年，国民生产总值首次突破了10万亿元，2004年，已超过了13万亿元。国际经验表明，对于社会发展来说，人均国民生产总值过千美元就等于上了一个重要台阶。这个重要台阶，对于任何一个国家来说，都标志着一个新的历史起点。这个新起点往往既是战略发展机遇期，又是矛盾凸显期。当时，十六届五中全会用三个“重要时期”给即将到来的“十一五”做出明确定位，以说明新的历史起点的不同寻常。所谓三个“重要时期”，即今后5到10年，是我国经济和社会发展的重要时期，是进行经济结构战略性调整的重要时期，也是完善社会主义市场经济体制和扩大对外开放的重要时期。在这样的重要时期，我们又有着良好的“四新”开局。即新的增长态势、新的增长空间、新的增长动力和新的发展理论。新的增长态势，是指中国经济已经扭转了长期低迷的通货紧缩态势，转向新一轮上升通道；新的增长空间，是指中国消费结构、产业结构升级和城市化进程迅猛，这一切都将成为新一轮经济增长的亮点；新的增长动力，则指市场经济带来的改革进一步深化，改革为发展带来新的动力；新的发展理念，即我们党提出的科学发展观，已经成为统领经济社会发展的指导思想。

新的历史起点，有新的格局，也面临着新的、严峻的挑战。机遇与挑战总是并存的。在新的历史起点上，最大的挑战来自四个方面：一是资源环境压力日益严峻；二是盲目投资和低水平扩张的体制根源日益明显，投资体制、财税体制、土地管理体制和政府管理体制的发展如果没有突破性进展的话，这方面问题就会反复出现；三是区域协调发展的挑战，现在欠发达地区发展动力不足，而国家的整合能力尚待完善；四是从外部环境来看，不确定性因素增加，可以说中国发展问题和世界性震荡会越来越多地搅和在一起。

基于我们处于一个新的历史起点，我们在思考国家经济与社会发展的前景规划时，就必须用全新的思路来谋求新的发展。新的发展的一个重要方面，就是努力解决“三农”问题，使农村的发展跟上城市发展的步伐。所以，科学发展观的基本要求里，把“统筹城乡发展”摆在了首位。

2. 新中国成立后改变农村面貌的努力

新中国成立初期，为了早日实现国家富强，国家开始实施工业化优先发展战略，所需资金只能来自农业剩余，农民要为国家的工业化作出贡献。为了加速农业发展，1956 年一届人大第三次会议通过的《高级农业生产合作社示范章程》提出了“建设社会主义新农村”的奋斗目标。在这次会议上，邓颖超在讲话中指出，高级农业生产合作社示范章程（草案）“是建设社会主义新农村的法规”（参见《人民日报》1956 年 6 月 24 日第 5 版）。这是中央领导人最早提出建设社会主义新农村的概念。1955 年年底，毛泽东同志组织起草《一九五六年到一九六七年全国农业发展纲要（草案）》。随着人民公社化的不断加速，该草案被宣传为建设社会主义新农村的伟大纲领，社会主义新农村在一些讲话中被具体化和详细化。

20世纪60年代初，为了解决粮食危机，中央决定减少城镇人口，压缩城镇粮食销量。为此，1963年12月，《中共中央、国务院关于动员和组织城市知识青年参加农村社会主义建设的决定（草案)》提出，在今后一个相当长的时期内。要动员和组织大批城市知识青年下乡参加农业生产，建设社会主义的新农村。其间涌现了以大寨为代表的一批典型。陈永贵、吴仁宝、宝日勒岱等新型农民，邢燕子、吕玉兰、侯隽等上山下乡知识青年，成为建设社会主义新农村的榜样。全国大修水利，兴建了很多水库和灌溉工程；逐步建立了包括劳动保险、困难补助、生活补贴、社会救济和农村“五保”供养制度。1958年以后在人民公社建立了敬老院、合作医疗等简易的社会保障组织，在一定程度上改善了农民的生产生活条件。

这一时期的社会主义新农村建设也有需要汲取的经验和教训：把建设社会主义新农村作为一种动员手段，其目的是要求农业支持工业、农村支持城市，结果城乡差别越来越大，对农村建设很少投入，地方和农民没有资金投入到新农村建设中去。再者，在新农村建设中强化意识形态，把阶级斗争扩大化，把大寨经验教条化，抹杀了区域差别和自然条件差别，因此，不可能真正建成社会主义新农村。

改革开放以来，我们也几次提出建设社会主义新农村。早在

1981 年 11 月，当时的国务院领导人在《当前的经济形势和今后经济建设的方针》的报告中，就号召全党带领和团结亿万农民，为建设社会主义新农村而奋斗。1994 年 5 月，胡锦涛在河南农村调查时提出，农村基层党组织要把团结带领农民群众奔小康，大力发展农村经济，壮大集体经济实力，勤劳致富，走共同富裕的道路，发展“两个文明”，建设社会主义新农村，作为自己的根本任务。1996 年 10 月，胡锦涛在全国农村基层组织建设工作座谈会上要求：“一定要把领导班子和干部队伍建设作为基层组织建设的治本之道、长久之计，下大力气和真功夫抓紧抓好，在乡村两级逐步造就一支政治强、思想好、清正廉洁、公道能干、同群众保持密切联系、能带领农民群众建设社会主义新农村的干部队伍”（参见《人民日报》1996 年 10 月 26 日第 2 版）。此后，为了搞好农村基层组织工作，加强农村基层干部队伍建设，中央先后开展了“三讲”和“三个代表”重要思想学习教育活动，加强农村精神文明建设，为建设社会主义新农村奠定了文化基础。党的十四届六中全会提出：“要以提高农民素质、奔小康和建设社会主义新农村为目标，开展创建文明村镇活动”（参见《十四大以来重要文献选编》）。

新中国成立之后，特别是改革开放以来，我们在改变农村面貌方面作过许多努力，但是成效并不十分理想，原因何在呢？其根本原因，就在于经济发展还没有达到这样一个阶段，整个社会的经济尚不能达到支撑农村发展的这一地步。或者说，其他产业的发展不仅不能支持农业，还需要农业的支撑。这样一来，本就不强的农业如牛负重，且越负越重。所以，即使“建设新农村”口号喊得再响亮，相关举措实施再得力，如果不能改变城乡二元结构的现状，没有能力做到城乡统筹发展，那么，新农村的宏伟目标终难达到。

3. 建设新农村适逢其时

党的十六届五中全会重提“建设社会主义新农村”，并为之作出全会决议，并不是只把它当做一个振奋精神、鼓舞士气的口号，而是因为我们已经具备了将口号付诸实施的能力。早在十六届四中全会上，胡锦涛有一个重要的论断，他认为：“综观一些工业化国家发展的历程，在工业化初始阶段，农业支持工业、为工业提供积累是带有普遍性的趋向；但在工业化达到相当程度以后，工业反哺农业、城市支持农村，实现工业与农业、城市与农村协调发展，也是带有普遍性的趋向。”这个重要论断，是在对世界经济发展经验的精辟概括的基础上，对我国经济发展阶段所作的科学判断，为重提建设新农村提出了理论与现实的依据。

新中国成立后，为了快速发展经济，我们在一穷二白的基础上，主要依靠农业提供的积累，建立起比较完整的工业体系和国民经济体系，农民为国家工业化作出了重大贡献，这是第一个趋向阶段。改革开放以来，经过 20 多年的努力，我国的综合国力大大增强，已经初步具备了工业反哺农业、城市支持农村的经济实力。进入21世纪之后，我国人均GDP于2003年已经超过1000美元，城镇化率达40.53%。据国务院发展研究中心测算，2005年中国的人均国内生产总值按当前汇率计算，估计会达到1400美元，农业与非农产业的产值结构大约为14：86，农业与非农产业的就业结构大约为1：1，城镇化水平约为43%。综合上述四项指标，可以肯定，目前中国至少已进入了工业化的中期阶段，已经具备了工业反哺农业、城市支持农村的能力。

纵观21世纪以来中央的政策措施与发展战略，之所以能为建设新农村创造良好的空间，是因为国家的经济条件到了可以支持农村发展的新阶段，政府不仅可以不从农民那里收取税费，而且可以拿出钱来支持农村的发展了。“两个趋势”的论断，雄辩地阐述了“建设新农村”的现实可行性与必然性，它告诉我们：建设社会主义新农村是大势所趋！

“两个趋向”的重要论断，让我们认识到我国经济社会发展所处的历史方位，从而成为指导我国经济社会协调发展的战略思想。现在，我国正处在从人均1000美元向3000美元迈进的关键时期。许多国家的发展进程表明，这个阶段既是经济社会结构快速调整的时期，也是各种利益关系复杂、社会矛盾凸显的时期。目前，我国农业基础薄弱、农民收入水平低、农村发展滞后的问题十分突出，特别是农村教育、卫生、文化等社会事业和基础设施严重落后于城市。这种状况如果不尽快扭转，将会严重影响整个社会的稳定与和谐。既然我们现在有能力有条件解决“三农”

问题了，就要深刻汲取国际国内正反两方面的经验教训，科学规划经济社会发展，把农业和农村经济放到整个国民经济发展中统筹部署，把农村社会事业放到全面建设小康社会进程中统筹安排，把农民增收放到全国人民共同富裕中统筹考虑。努力消除妨碍城乡协调发展的体制性障碍，下决心调整国民收入分配格局，下大力气建立资源在城乡之间合理配置的市场体系，建立城乡社会事业和基础设施共同发展的运行机制，建立城乡经济社会相互促进、良性互动的有效体制。要主动发挥城市带动农村发展的作用，加大城市经济对农村经济的辐射，加强城市人才、智力资源对农村发展的支持和对农民群众的服务，使城乡发展进入一个和谐状态。

事实上，综览一些发达国家的农村问题的解决，无一不是工业反哺农业的结果。这就是说，要通过工业化发展本国经济，并在经济发达的基础上反哺农业，是世界上许多国家都走过的成功道路。例如韩国，在20世纪60年代以来，韩国工农业发展、城乡之间、区域之间的发展严重失衡，农村问题十分突出。农村人口的大量无序迁移，带来了诸多的城市问题和社会难题。农村劳动力老龄化、弱质化，农业后继无人，加上农业机械化发展滞后，导致部分农村地区的农业濒临崩溃的边缘。为此，韩国政府自1970年开始发起了“新村运动”，并设计实施了一系列的开发项目，以政府支援、农民自主和项目开发为基本动力和纽带，带动农民自发地进行家乡建设活动。政府不仅是强有力的组织者，而且是积极的直接参与者，并投入大量的人力、物力和财力。从新农村运动开始到1980年的10年间，政府投资总额达到了27571亿韩元。韩国政府对农村的财政投入，涉及农村各个领域。包括农村住房、公路、桥梁、水利和电力等基础设施；农村基础教育、卫生保健、社会保障等公共服务体系；还有，韩国政府以新农村运动的名义，大量投资，扶持农村经济持续发展，从而增加农民收入，把城乡差距缩小到最低程度。

应该说，我们这一次提出建设新农村，确实是大势所趋，人心所向。所以，胡锦涛在主持中共中央政治局第二十八次集体学习时强调指出："要从建设中国特色社会主义事业的全局出发，深刻认识建设社会主义新农村的重要性和紧迫性，切实增强做好建设社会主义新农村各项工作的自觉性和坚定性，积极、全面、扎实地把建设社会主义新农村的重大历史任务落到实处，使建设社会主义新农村成为惠及广大农民群众的民心工程。"

二、新农村的新模式

新农村建设不仅是一个村镇建设的问题，而且是一个农村发展的问题；不仅是一个经济建设的问题，而且是一个包括社会、政治、经济、科技、教育、文化、交通、人民生活、社会治安和社会保障等涉及社会生活方方面面的有机统一体，是社会综合发展程度的标志。社会主义新农村建设是一个过程，具有动态性。

社会主义新农村作为一定历史时期社会形态的表现形式，必须反映时代特征，因而其衡量标准不是一成不变的，而是随时间的变化、社会的发展而变化发展。社会主义新农村建设是在现有基础上进行，具有层次性。不同地区由于历史、环境、基础的不同，建设的速度和目标也各不相同，所以各地反映的新农村在内容上、程度上、要求上也有所不同，模式也不可能千篇一律。那么，现阶段的新农村该是一个什么样子呢？

1. 众说新农村

新农村的概念，在20世纪50年代是“楼上楼下，电灯电话”；在20世纪80年代初，社会主义新农村实际上只是解决了温饱问题的基本小康……如果按以往的标准，目前我们的农村都应该是新农村了，也就不用提建设社会主义新农村。事实上，十六大提出的全面建设小康社会，就促使人们对“新农村”概念进行新的思考了。

我国8亿多农民向往的现代化的“社会主义新农村”应该是什么样子呢？

一群田间劳作的农民朋友，用顺口溜的形式，解读了他们对社会主义新农村最朴素的理解。他们你一言我一语，一连说出了十二个“得”，即：社会主义新农村是——上得起学（孩子有书读）；治得起病（医保制度健全）；养得起老（老了有人管）；走得好路（村村通油路）；吃得上水（饮用自来水）；挣得到钱

（就业路子广）；睡得好觉（社会治安好）；观得到景（环境优美）；做得了主（农民说了算）；学得到艺（有专门的培训机构）；上得到“网”（是指信息通畅快捷）；看得到戏（有丰富的文娱生活）。

研究“三农”问题的专家，也描述了社会主义和谐“新农村”的基本蓝图。认为“新农村”应该包括5个方面，即新房舍、新设施、新环境、新农民、新风尚。

所谓“新房舍”，就是农村要因地制宜地建设各具民族和地域风情的居住房，而且房屋建设要符合“节约型社会”的要求，体现节约土地、材料和能源的特征。因此，在建设新民居时要加强管理、统一规划、广泛采用节约的新技术。

所谓“新设施”，就是要完善基础设施，道路、水电、广播、通信、电信等配套设施要建设俱全。特别是在知识经济时代，要让现代农村共享信息文明，这是新农村的重要“硬件”。这个“硬件”的缺乏，往往成为制约农村小康社会建设的基础“瓶颈”。

所谓“新环境”，主要体现在生态环境良好、生活环境优美。尤其是在环境卫生的处理能力上要体现出新的时代特征。像农村的生活垃圾区、污水沟、厕所、畜禽住所应按照卫生标准规划和建设。

所谓“新农民”，即具备现代化素质的新农民。在农村，有了新的设施和环境远远不够，关键要使农村居民成为“有理想、有道德、有文化、有纪律”的“四有农民”。建设社会主义新农村，农民是主力军，只有具备了现代化素质的新农民，才能真正建立起具有现代意义的社会主义新农村。在农村教育、农民培训和文化道德建设上，我国农村要有很长的路要走。

所谓“新风尚”，就是要移风易俗，提倡科学、文明、法治的生活观，加强农村的社会主义精神文明建设。

还有的专家认为，新时期要建设的新农村，其目标应该是：建设新村镇、发展新产业、培育新农民、组建新经济组织、塑造新风貌，创建好班子。

——建设新村镇。全面开展村镇规划设计工作，村镇要按照或参照城市规划管理办法等相关法规组织编制、审批和实施。要建立和完善村镇社区服务体系，调整教育、商贸网点，完善医疗卫生、文化、体育以及供电、电视、电信等配套设施。铁路、国道、省道、公路沿线圩镇达到“规划科学、布局合理、功能齐全、环境优美”的目标，其他镇村达到“布局合理、设施配套、环境整洁、村（镇）貌美化”的基本标准。要做到科学布局、合理安排，力求反映地方特色、体现文化内涵、保护生态环境。

——发展新产业。要加快调整农业产业结构，大力发展精准农业、生态农业、品牌农业和创汇农业。要实施优势发展战略，做大做强特色农村和高效农业，各县（市、区）要充分发挥各自的比较优势，培育做强 2 ~3 个农业支柱产业，提升农业产业化水平。要大力推进农业新技术革命，提高农业的科技竞争力。

要大力推广生态农业模式，发展绿色食品生产，提高农业的可持续发展能力。

——培育新农民。按照规范化、系统化、标准化的要求，以培养新型务工农民和产业农民，提高农民科技致富能力、市场竞争能力和自主发展能力为目标，以农村实用技术、务工职业技能培训为主要内容，通过实施“农民知识化工程”，使农村劳动力基本掌握1～2门实用农业技术或务工职业技能；同时开展以遵纪守法、移风易俗为主要内容的思想道德教育，着力提升广大农民的思想道德水平，逐步建立与发展社会主义市场经济，促进新农村建设相适应的道德体系，造就一批既有较高科学文化素质和道德素质，又有一定专业技能、文明守法、移风易俗的新型农民。

——组建新经济组织。推动农村经营体制改革，完善农村双层经营体制。按照“先运行、多扶持、后规范”和“民办、民管、民营、民受益”的原则，发展、壮大农村新经济组织，为农民提供产前、产中、产后服务。大力推广各种行业协会、专业合作社、联合社、经联社等农村合作经济组织形式，建立起覆盖农业产业的农村合作经济组织群体，做到乡村主导产业有协会或专业合作社，合作经济组织覆盖农户达到60%以上，大力提升农民组织化程度。要围绕“新品种、新技术、新组织”的要求建立健全良种繁育、农资供应、农业科技服务体系和农产品加工流通服务体系，培育专业化的经济服务组织。

——塑造新风貌。以创建文明村镇为动力，整体推进精神文明建设。彻底改变农村“脏、乱、差”现象。各地要按照“科学规划，完善机制，分类指导，先易后难，稳步推进”的要求，扎实有效地开展“三改”工作。与此同时，认真开展社会公德、职业道德、家庭美德教育，组织农民开展“除陋习、树新风”活动，反对封建迷信和宗族宗派势力，倡导健康、文明、科学的生活方式。建立健全农村医疗保障体系、困难农民救助体系。村镇公共设施配套，农民群众文化生活丰富多彩，健康有益的文体活动正常开展，农民就医、就学方便，病残孤寡农民生产生活有保障。着力整治农村环境，美化、净化村容镇貌，尽快改变农村的脏乱差现象，使农民全部喝上洁净的自来水或山泉水，实现人畜分离。此外，要扎实开展文明村镇创建活动，改变农村的各种生活陋习，倡导健康、文明、科学的生活方式，创造一个农民群众安居乐业、物质文化生活丰富多彩、人与人和谐相处的良好环境。

——创建好班子。将新农村建设纳入县、乡、村“三项创建”活动的重要内容，继续创新和深化“三民”活动和“三培两带”活动。把以“三清三改”、村镇规划建设、文明村镇创建为重点的新农村建设成果作为衡量、检验好班子、好干部的重要标准；要以新农村建设工作为切入点，转变职能，改进作风，加强执政能力和构筑社会主义和谐社会能力的建设，着力提高县、乡、村领导班子和党员干部在新农村建设中组织协调、管理服务和帮助农民群众增收致富的能力和水平；把开展保持农村党员先进性教育活动与新农村建设工作结合起来，发挥农村基层党组织和广大农村党员在新农村建设中的战斗堡垒和先锋模范作用。

总之，社会主义新农村要达到“经济社会发展，群众生活安康，环境整洁优美，思想道德良好，公共服务配套，人与自然和谐”的文明标准。同时达到农业主导产业做大做优做强，农民科学文化和思想道德素质明显提高，农村面貌较大改观，基层组织战斗力明显增强的目标。这样的新农村才真正是我们所向往的。

2. 社会主义新农村的愿景

综合理论界与实际工作者的观念，结合广大农民的愿望，中央对社会主义新农村作了这样的描绘，那就是“生产发展、生活宽裕、乡风文明、村容整洁、管理民主”。这五句话，既是衡量社会主义新农村的五条标准，也是建设社会主义新农村的五点基本要求。

①生产发展。就是要以科学发展观统领农业和农村经济发展全局，促进农业和农村经济健康发展，城乡经济社会协调发展，从而为增强农业富裕农民、农民繁荣农业打下坚实的物质基础。要加快农业结构调整，发展特色经济，培植新的优势，促进农业和农村经济健康发展。要统筹城乡经济社会发展，千方百计增加农民收入，注重投资强度，大力招商引资，不断提升农村经济发

展水平、发展质量，为农业的发展打下坚实的基础。

②生活宽裕。如果说生产发展是建设社会主义新农村的物质基础，那么生活宽裕就是新农村的重要表现和特征，也是新农村的归宿。对广大农民来说，生活宽裕就是在温饱的基础上，生活有一定的富余。或者说，在保证正常的生产、生活支出的前提下，农民手里还有一定的钱，能够应付其他的重要的支出。追求温饱和富裕一直是中国人民的理想和目标。有人曾把生活状态分为四种，即贫穷、温饱、小康、富裕。我国已经整体上跃过温饱大关，正在向全面小康社会迈进。我们现在所讲的生活宽裕，大致应该在小康水平上。也就是说，十六届五中全会提出的建设社会主义新农村的目标，与十六大提出的全面建设小康的目标基本是一致的。

③乡风文明。乡风文明是新农村的和谐动力，是指农民群众的思想、文化、道德水平不断提高，社会风气健康向上，教育、卫生等社会事业逐步适应农民的需求。它是农村精神文明建设的核心，也是建设社会主义新农村的灵魂。文明乡风主要包括文明、科学、健康的生活风尚，良好的环保、卫生、生态意识，移风易俗，科学、文明、法治的生活观。文明乡风，可以反映出农村精神文明建设的成果和农民文明素质与农村文明程度，为全面建设农村小康社会提供强大的精神动力和思想保证。

④村容整洁。村容整洁是建设社会主义新农村的重要条件。村容整洁，是指建设环境优美、生态和谐、人与自然和谐相处的

社会主义新农村的新风貌，村舍整洁卫生，布局科学合理，社会治安良好，农民安居乐业。一个村的村容村貌是给人的第一印象，也是非常重要的印象，不仅反映这个村的经济发展状况，也反映这个村的精神文明程度。一个整洁的村容，脏乱差状况必定应当从根本上得到治理，生态环境、人居环境也必然明显改善，社会秩序稳定，村容村貌整洁。

⑤管理民主。管理民主是建设社会主义新农村的政治保证。管理民主，主要是指在农村党组织领导下，健全和完善民主选举、民主决策、民主管理、民主监督等村民自治机制，不断增强农民群众的自我教育、自我管理能力，使广大农民群众真正拥有知情权、参与权、选择权、监督权，真正让农民当家做主，不断推进农村民主法制建设，不断促进农村各项决策的科学化、民主化、程序化、制度化，从而实现好、维护好、发展好农民的各项利益。

社会主义新农村的20字要求，可以说是新农村的具体体现，其内容丰富，含义深刻，全面体现了新形势下农村经济、政治、文化和社会发展的要求。“生产发展”是建设新农村的物质条件，“生活宽裕”是建设新农村的具体落实，“乡风文明”是建设新农村的思想基础，“村容整洁”是建设新农村的环境氛围，“管理民主”是建设新农村的体制保障。五个方面相互融通、相辅相成。重点是加强村镇建设规划和环境整治，建设新村镇；发展农村各项社会事业，培育新农民；加强农村民主法治建设和精神文明建设，倡导新风尚。

3. 专家推荐新农村发展模式

中央提出的建设新农村五条标准，是从整体上进行描述的。但如何达到这五条标准，则由于各地资源禀赋不一，不应有一个统一的发展模式。人民大学教授张利庠结合各地农村实际，提炼出八种建设新农村的模式，可以作为各地建设新农村的参考。这八种模式是：

①工业企业带动型。工业企业带动型是指有发展工业企业的基本要素，如土地、资源、信息、技术、资金和能力强威望高的村庄领导人，通过工业企业的发展壮大带动农村政治、经济、设施、教育、文化、卫生等事业的综合发展，同时，乡村在土地、劳动力等资源整合的基础上又进一步促进工业企业的发展，使工业企业与乡村融为一体、和谐发展的一种新农村建设模式。“中华第一村”——华西村隶属江苏省江阴市，通过艰苦奋斗，发展工业企业，现已形成钢铁、纺织、旅游三大支柱产业，2005年销售收入达307亿元，拥有固定资产超过70亿元。在此基础上，又通过“一分五统”（村企分开、经济统一管理、干部统一使用、劳动力在同等条件下统一安排就业、福利统一发放、村建统一规划）将周边16个村纳入华西村共同发展。现在，新的大华西村面积30平方公里，人口3万。

②特色产业带动型。这是指在一个乡或村的范围内，依据所

在地区独特的优势，围绕一个特色产品或产业链，实行专业化生产经营，一村一业发展壮大来带动乡村综合发展的一种新农村建设模式。专业村是这种模式的代表，需要三个基本条件：具有生产某种特色产品的历史传统和自然条件；有相应的产业带动，市场需求旺盛；需要“能人”通过产业集群形成规模。被誉为“全国鲜花第一村”的斗南位于云南省昆明市呈贡县，抗日战争时期就是云南省重要的蔬菜基地，20 世纪 80 年代开始种花，从仅供昆明市消费到积极向外集结建立全国性市场，目前已成为亚洲最大的鲜切花集散地，积聚了 2000 多家花卉产销企业，花卉市场份额占全国的三分之一。富裕起来的村民开始规划乡村，分为种植区、工业区、文化区和生活区，逐步形成宁静祥和的新农村。

③畜牧养殖带动型。这是指在畜牧龙头企业的带动下，通过规模化拆建、产业化经营、循环化利用带动农村发展、农民增收的一种新农村建设模式。该模式的必需条件是：规模化的畜牧龙头企业、特色的养殖品种和相应的市场需求。其典型是“拆旧村建新村 + 公司带动农户 + 循环经济改造”的希森模式。山东希森三和集团通过整合山东梁锥村附近的 130 亩废弃地，置换出 350 亩老村宅基地，在废弃地上建设起有花园、池塘的欧式连排别墅新村，村民迁入新居后，在老村新建了养牛场、饲料厂和屠宰基地作为工业区。养殖场养牛的牛粪进入生活新村的沼气池，沼渣养蘑菇，培养基养蚯蚓，蚯蚓粪进入种植区形成有机肥种

地。村民成工人、种地成副业；白天进场，下班种地；农闲进场，农忙种田。梁锥村现在村民的年收入是10000元，希森三和集团实现年产值1.5亿元。

④休闲产业带动型。这是指以农业和农村为载体，利用农业生产经营活动、农村自然环境和农村特有的乡土文化吸引游客，通过集观赏、娱乐、体验、知识教育于一体的新兴休闲产业带动新农村建设的一种模式。这种模式包括建立农业生态园、养殖场、采摘园、农产品物流配送中心、学农教育基地、农艺园、民俗村等方式把乡村的发展与休闲产业的发展融为一体。“农家乐”作为该模式的典型是中国农村革命与新经济的代表，集中地体现了现代经济学中的新观念与先进成分。采用这种模式应具有三个条件：交通便利，距离城市较近，靠近消费市场；有怡人的自然环境，有一定的农业发展基础；能满足城市游客食、住、行基本要求的基础设施。投资少、收益好、见效快是这种模式的特点，也最能体现新农村的目标要求。

⑤商贸流通带动型。这是指以发展现代农村商贸流通服务业和市场网络，进而形成以当地农村为中心的市场，以市场促产业、以产业带乡村，最终形成商贸发达、乡村繁荣的一种新农村建设模式。该模式要具备便利的交通、完善的基础设施及配套条件和相关产业发展的支持。地处上海西南市郊接合部的闵行区九星村，独创了“合作形式、租赁性质、独资管理”的新模式，打响了发展三产商业、建立批发市场的战役，先后建成了一、二

区五金市场和三区食品干货市场。3 年后，又建成了以建材装潢商品为主体，兼营五金、干货、陶瓷、茶叶、电器、油漆、灯饰、不锈钢、防盗门、名贵木材等商品的综合性商业物流中心。现入住客商达 2600 多户，每天客流量达 3 万多人次，日成交额达 600 万元，一跃上升到上海市综合实力百强村的第 10 位，构筑了一个崭新的九星新村。现在九星村实行养老退休制，村民退休每月兑现养老金 325 元。

⑥旅游产业带动型。这是指以农村地区为特色，以农民为经营主体，以旅游资源为依托，以旅游活动为内容，通过农村旅游促进新农村建设的一种模式。发展旅游业首先是需要有可以挖掘的旅游资源包括自然资源和人文资源。其次是要有便利的交通条件，另外也要有与旅游相配套的娱乐、住宿、餐饮等基础设施。江南名镇周庄，不仅具有优美的自然景观，而且有悠久的历史。成功走出了一条旅游产业和高新技术产业两翼发展的新路子，卓有成效地开创了“江南水乡古镇游”和“传感器产业基地”两个著名品牌。优美的自然风光吸引着八方来客，同时也促进了当地经济的发展，具有“小桥、流水、人家”风格的江南古镇周庄已列入联合国世界文化遗产预备清单。

⑦合作组织带动型。这是指以各种农民合作组织为依托，通过各种形式把农民组织起来，整合社会资源，促进农村各种生产要素的合理配置，突破原有一家一户分散经营的制约，提高农业资源的综合利用开发水平，通过壮大集体经济，改善公共设施，

使农村的生产和生活条件不断提高，促进村容村貌不断改善进而建设新农村的模式。山东前屯村实行的是以股份制为主要形式的合作经济组织，对集体资产进行量化后，采取个人认购风险股与集体资产产权量化到个人相结合的办法，成立“前屯商贸有限责任公司”，开始了股份制企业运作。农转非后的农民变成居民，又从居民变成了股东。如今的前屯居民基础设施完善，生活富裕，教育、卫生等社会事业发达。

⑧劳务经济带动型。这是指通过转移大批的农村剩余劳动力进城，不仅加快了工业化、城镇化的进程，而且优化了农村劳动力资源的配置，提高了农村劳动生产率；转移就业后的农村劳动力将获得收益的一部分投入到农业生产和农村建设中，反哺家乡，反哺农村，从而直接或间接地推动了我国农村经济的发展，推进新农村建设。河南固始县郭陆滩镇太平村属于缺乏资源优势、区位优势的地区，近些年来，村党支部带领全村群众大力发展劳务经济，该村 3253 人中，外出务工 1500 多人。2004 年全村劳务收入 1500 余万元。如今太平村的面貌发生了巨大变化，70% 的农民住进了楼房，适龄儿童全部入学。

三、社会主义新农村建设之路

新农村建设的内涵非常丰富，它是科学发展观、小康社会、和谐社会等理论的组成部分，体现了农村全面发展的要求，是巩固和加强农业基础地位、全面建设小康社会的重大举措。《人民日报》社论指出，党的十七届三中全会通过的《中共中央关于推进农村改革发展若干重大问题的决定》（以下简称《决定》）是指导当前和今后一个时期推进农村改革发展的行动纲领。其实也是建设社会主义新农村的行动纲领。按照中央《决定》精神，可以用“五个推进”来谋划社会主义新农村建设之路。

1. 推进城乡统筹发展

城乡统筹发展，是建设社会主义新农村的基本前提和基本保障。城乡统筹发展，是科学发展观的重要内容。根据当前城乡发展面临的新情况，十七届三中全会的《决定》作出了我国3个“进入”的基本判断：一是进入了以工促农、以城带乡的发展阶段；二是进入了加快改造传统农业、走中国特色农业现代化道路的关键时刻；三是进入了着力破除城乡二元结构、形成城乡经济社会发展一体化新格局的重要时期。根据这三个基本判断，在统筹城乡发展方面，我们要调整国民收入分配结构，财政支出、固定资产投资和信贷投放都要切实向“三农”倾斜。扩大公共财政覆盖农村的范围和领域，进一步加强农业基础，增加农村公共产品供给。建立城乡统一的劳动力市场和公平竞争的就业制度，取消对农民进城就业的各种限制，开展农村劳动力转移就业培训，解决拖欠农民工工资、工伤事故缺乏保障等突出问题。进一步明确各级政府对农村义务教育的责任，逐步建立城乡统一的义务教育管理体制。加大国家财政对农村合作医疗体系的投入力度，在农村建立大病、重病治疗统筹机制。建立城乡衔接、公平统一的社会福利制度，探索建立农民最低生活保障制度，建立和完善农村社会救济制度。

2. 推进农村改革发展

农村改革，是建设社会主义新农村的动力支撑。农村改革仍然是我国改革的关键环节，农业农村发展仍然是我国发展的战略基础。抓住农村改革发展这个重点，就能掌握整个改革开放的主动权，就能带动我国经济社会新一轮发展。30 年前的农村改革，让中国农民实现了梦寐以求的温饱甚至是小康；十七届三中全会发起了新一轮的农村改革，就是要让农村发生脱胎换骨的变化。这届全会对当前的农村改革发展作出的具体部署，就是要通过改革做好三方面事情：大力推进改革创新，加强农村制度建设；积极发展现代农业，提高农业综合生产能力；加快发展农村公共事业，促进农村社会全面进步。

3. 推进现代农业建设

现代农业建设，是建设社会主义新农村的重要内容和物质基础。推进现代农业建设，是为了确保中央提出的建设社会主义新农民的方向能够沿着正确的、健康的轨道向前推进。自从中央提出社会主义新农村的建设之后，得到了广大农村、农民的热烈反响和反映，各地都在积极地向前推进。总体上来看，一年多来比较健康。但是，在一定程度上也存在着有一些地方的干部对中央提出的新农村建设理解上有偏差，所以没有把主要的精力放在生产力的解放和发展上，有一些地方过多地去关注村庄的建设、房子的建设等。我们觉得在经济发展、农民富裕的情况下，把村庄搞得漂亮一些，把房子搞得漂亮一些，应该是完全有必要的。但问题是如果经济不发展，农民收入没有增加，就简单地把新农村建设看做是新村庄、新房子的建设，不仅可能使新农村建设脱离中央指出的正确轨道，而且还可能给农民增加新的负担，甚至给乡村带来新的债务。所以，强调新农村建设，要把发展现代农业放在首位，实际上就是表明了中央的政策导向，明确地提出要把经济发展、把现代农业的建设、把农民收入的提高放在新农村建设的首位，这样有利于把社会主义新农村的建设扎实、健康地向前推进。

推进现代农业建设，就要加快农业科技进步，加强农业设施建设，调整农业生产结构，转变农业增长方式，提高农业综合生产能力。要努力提高农业综合生产能力，不断优化产品结构，提高产品质量，确保农产品质量安全，形成总量平衡、品种多样、安全可靠和营养丰富的农产品生产格局。要加快发展农区和牧区畜牧业，保护和利用好渔业资源，切实加强农田水利基本建设，推广良种良法，加快发展农业机械化，加强农业标准化工作，积极发展节地、节水、节肥、节药的节约型农业。

4. 推进农村公共事业发展

农村公共事业，是社会主义新农村建设的重要组成部分。农村公共事业是新农村建设的重要内容，加速推进社会主义新农村建设，增加农村有效供给，让更多公共服务惠及农民，是缩小城乡差距的有效措施。针对农村社会事业发展和公共服务薄弱环节，十七届三中全会将形成城乡经济社会发展一体化新格局作为农村改革发展的根本要求，对农村公共事业作出全面部署，强调要加快发展农村公共事业，促进农村社会全面进步。

十七届三中全会对发展农村公共事业进行了重点部署，勾勒出到2020年的战略目标和前进方向：城乡基本公共服务均等化明显推进，农村文化进一步繁荣，农民基本文化权益得到更好的落实，农村人人享有接受良好教育的机会，农村基本生活保障、基本医疗卫生制度更加健全，农村社会管理体系进一步完善。我们一定要按照中央的要求和部署，扩大公共财政覆盖农村范围，发展农村公共事业，使广大农民学有所教、劳有所得、病有所医、老有所养、住有所居。要繁荣发展农村文化、大力办好农村教育事业、促进农村医疗卫生事业发展、健全农村社会保障体系、加强农村基础设施和环境建设、推进农村扶贫开发、加强农村防灾减灾能力建设、强化农村社会管理。要通过坚持不懈的努力，不断加大工作力度，不断增加投入，改变农村社会发展滞后的局面。

5. 推进农民收入水平不断提高

增加农民收入，是社会主义新农村建设的基本出发点和归宿。增加农民收入，既要从“三农”本身考虑问题、寻找出路，又要跳出“三农”，从经济社会发展的全局思考问题，研究对策。既要大力挖掘农业和农村内部的增收潜力，又要在农业和农村外部寻求增收途径。既要从当前出发采取尽快见效的具体增收措施，又要着眼于长远寻求解决农民增收问题的治本之策。

总之，在中国的现代化建设的伟大进程中，最薄弱的环节是农村，最困难的群体来自农村，最多的隐患也来自农村。如何解决农业、农村、农民问题，不仅影响国民经济的持续稳定健康发展，也影响和谐社会的构建，更直接关系全面建设小康社会的进程。鉴于中国农村问题的复杂性，农村长期落后的现实以及农村人口众多的现象，建设新农村将是一个长期的过程，不可抱有一日之功的想法，必须一步一个脚印扎实稳步推进。

第 二 章

构建和谐农村：构建和谐社会的重点和难点

和谐农村是社会主义和谐社会建设的重要组成部分。没有农村的稳定和发展就不可能有整个社会的稳定和发展，农村稳定，社会容易和谐，农村不稳定，和谐社会无从谈起。所以，构建社会主义和谐社会，必须让农村成为和谐有序的社会、稳定发展的社会和健康繁荣的社会。我国 13 亿人口，有近 9 亿人在农村。农村人口占多数的基本国情，农业基础脆弱和城乡反差过大的客观问题，农业农村深刻变化的现实情况，决定了构建社会主义和谐社会的重点在农村，难点也在农村。

一、和谐农村，人心所向

构建社会主义和谐社会的主体在农村，重点和难点问题也在农村。改革开放以来，国家对各项建设加大资金投入，社会各项事业蓬勃发展，总体来看，发展较快，变化较大，成绩是显著的。但是，农村与城市发展严重不平衡，出现畸形现象。农村发展停滞不前，而城市建设日新月异，就像蜗牛与兔子赛跑，城乡差别越拉越大。随着社会的发展，城乡收入差距逐渐拉大和收入分配不公也暴露出了一些社会问题，这些都是影响构建和谐社会的主要因素。因此，党的十七大审时度势提出了建设社会主义新农村，构建和谐农村的重大历史任务。

1. 构建和谐农村是解决“三农”问题的根本

构建社会主义和谐社会，要求我们在“三农”这个重点、难点中找出问题做工作。从根本上讲，“三农”问题的核心是农民问题，农民问题的实质又是收入问题。因为农民收入问题已经成为关乎社会公平的一个重要问题。对于我国大部分农村而言，经济欠发达是构建和谐农村的一个主要障碍。由于目前农村信息不畅，科技含量低，产量大、产值低，使农村经济文化还相对落后，农民生活水平还较低，各种社会矛盾仍较突出。把农民收入的提高放在新农村建设，构建和谐农村的首位成为必然。俗话说：“穷则思变，饥寒生盗心，狗急会跳墙。”在吃不饱，穿不暖的情况下，偷盗、抢劫等社会治安问题就会无形地暴露出来，直接影响着社会稳定，影响着构建社会主义和谐社会。换句话说，农村实现和谐之日也就是“三农”问题解决之日。建设社会主义新农村，构建和谐农村要围绕“三农”问题全面展开。

党的十七届三中全会提出加快推进社会主义新农村建设，大力推动城乡统筹发展。这是我们党从全局出发做出的重要决策，是解决“三农”问题的重大举措，是全面贯彻科学发展观的客观要求，是实现农业全面发展的重要途径。而建设社会主义新农村，是党和国家从战略高度作出的正确决策，也是新中国成立以来农村社会的第五次改革。与前四次改革不同，这次改革是全面的改革，全面体现了新形势下农村经济、政治、文化和社会发展的要求，涉及农村物质文明建设、政治文明建设、精神文明建设和构建社会主义和谐农村四个大的方面，是一个系统工程，是对农村现有问题的系统解决。

构建和谐发展的新农村，可以探索不同的发展思路和政策措施，但都必须紧紧围绕着“三农”问题展开。没有农村经济的大发展、农业产业效率的大提高，没有农民收入的显著增加，新农村建设就没有坚实的经济基础。“农村、农业、农民”问题，概括地说，归根结底就是由各种因素引起的农民整体素质低、收入低而带来的整个农村、农业相对落后的问题。具体来说，农村问题主要是指农村政治、经济、文化的整体发展相对于城市发展进程而言的“落后”，解决的途径主要是围绕着统筹城乡发展、加快城镇化进程、缩小城乡发展差距等为重点。农业问题，主要是指农业产业相对于第二、第三产业而言效率低、农业产业链条短、农产品附加值低为特征的“落后”。由于农产品具有需求弹性弱的市场特性，单纯依靠发展传统农业增加产出难以提高农业效率，因此解决的具体途径则主要是以加速农业科技的运用、大力发展现代农业，实现农业集约化经营、产业化经营、延长农业产业链条，推动传统农产品结构向优质、高效、绿色化产品结构发展为重点。农民问题，主要是指农民整体素质相对较低而引起的“低收入”问题。因此，新时期解决农民问题则以加大农村教育投入、提高农民素质，大力发展县域乡镇企业和非公有中小企业，扩大农业劳动者在第二、第三产业的就业比重，转移农村剩余劳动力为主要途径。事实上，无论是农业产业结构调整、就业结构调整，还是农民增收、农业增效，都离不开农业劳动力向非农产业转移。由此可见，以逐步解决“三农”问题为重点的新农村建设，自然与我国工业化、城镇化进程紧密相连。

总之，中国社会发展到了当代，解决“三农”问题仍然是全党工作的重中之重。而紧紧围绕“三农”问题而展开的新农村建设，必须全面贯彻落实科学发展观，在“统筹兼顾”中协调各种利益矛盾、缩小城乡差距，实现工农之间、城乡之间和谐发展；在强调全面协调可持续发展中追求人与自然之间的和谐发展，追求人的发展与经济社会发展之间“和谐”，这正是当代社会主义新农村建设的显著特征。

2. 构建和谐农村是老百姓的合理诉求

长期以来我国农村发展缓慢是有原因的：一是国家扶持资金投入严重不足，有的村从新中国成立至今，却没有一分资金投入建设。二是部分领导对农村的发展重视不够，有的领导注重抓政绩工程、形象工程和面子工程，许多项目建设都安排在交通方便或公路沿线的村寨实施，方便检查，忽视了对偏远村寨的扶持。三是农村大部分村寨住地偏远，生产、生活条件恶劣，生活贫困，温饱问题尚未完全解决，自我积累水平低，没有资金投入建设，通水、通路、通电难以实现，长期制约着农村的经济发展。因此，要构建社会主义和谐社会，必须重视农村发展，缩小城乡差别，实现共同富裕，让老百姓切切实实享受到改革开放带来的成果。

和谐是指事物之间协调、平衡、有序的发展状态。和谐社会就是社会内部各种要素处于一种相互依存、相互协调、相互促进的状态。社会主义和谐社会应该是民主法治、公平正义、诚信友爱、安定有序、人与自然和谐相处的一种安全稳定的社会发展状态或发展结构。这种和谐包含着人与自然之间，人与人之间，人与社会之间，人的发展与经济、政治、文化发展之间的和谐。显然，人是构建和谐社会的主体、根本、核心。以“生产发展、生活宽裕、乡风文明、村容整洁、管理民主”为主要内容的社会主义新农村建设，其“新”就新在以农民为主体，强调统筹城乡发展、统筹农村经济与民主政治协调发展，倡导人与人之间的文明新风、追求人与自然和谐发展为基本内容。这些内容都是构建和谐农村的基本内容和实践要求，也是老百姓的合理诉求，老百姓所希望过上的生活。

3. 和谐农村的基本要求

和谐发展的新农村，其基础仍在"生产发展"。而农村的发展，农业繁荣、农民生活水平的提高，归根结底来自于农民的自身力量和自身发展。农民是新农村建设的主体，是新农村建设的基本力量。因此，推进社会主义新农村建设，必须坚持"以农民为本"，构建起农村经济社会发展的和谐关系。在这种和谐关系中，要把农民素质提高、农民的增收、满足农民日益增长的物质文化需要、维护农民的各项权益，作为农村经济社会发展的出发点和落脚点。只有农民整体素质的不断提高、收入不断增长，才可能推动农村人力资本不断积累、人才总量不断扩张，最终为整个农村经济、政治、文化全面协调可持续发展和繁荣提供持续动力。如果新农村建设忽略了"以农民为本"，非和谐发展的背后带来了农村剩余劳动力"隐性失业"的攀升、城乡贫富差距积累性扩大、人与人之间不平等加剧，显然会违背农民整体利益，影响社会稳定，更谈不上和谐发展；如果农村经济发展与民主文明进程相脱节、农民"精神文明"的提高赶不上农业现代化发展的进程，就会严重妨碍建设全面小康社会目标的实现。所以，新农村建设要坚持以农民为本，把农民的"发展和需要"放在农村经济、政治、文化全面协调可持续发展的核心地位去思考，既要在经济上保障和发展农民的物质利益，又要在政治上尊重农民的民主权利，这是调动广大农民的积极性、创造性的关键所在，也是新农村建设的基本前提。

和谐发展的新农村，需要形成村与村之间、邻里之间、家庭成员之间和睦相处的“文明乡风”，其关键则在于构建起人与人关系的和谐氛围。这种“和谐”，强调在健全的社会法律制度和良好的道德规范下，人与人之间平等、互助、互爱、互相尊重所形成的协调、融洽的人际关系。这是实现社会和谐的基础。在社会主义新农村建设中，构建人与人之间的和谐关系，既要致力于加速农村经济社会的发展来实现，又要通过缓解人与人之间的利益矛盾和冲突来达到。农民作为新农村建设的主体，在一定条件下，其思想活动的独立性、差异性与市场经济条件下经济关系的复杂性、利益关系的多重性极易产生错位，他们的心理素质、道德标准、是非判断能力与现代市场经济的竞争性、挑战性、风险性还不能完全适应，他们的技术素质、文化素质还跟不上社会加速发展和急剧变动的要求，就可能从宏观或微观角度产生出各种社会问题和矛盾，产生出“强势”与“弱势”的相斥与冲突、产生出“较特殊”与“较普遍”的兼容和对抗。因此，构建和谐发展的新农村，强调人与人关系和谐，必须协调好各种利益矛盾、解决好各种社会问题，处理好个性与共性、个体与整体、弱势群体与强势群体的关系，才能弱化利益矛盾和冲突、维护农村经济社会的安全与稳定。

和谐发展的新农村，需要构建起人与自然的和谐关系，自觉遵循人与自然在协调中共存、在平衡中求得和谐发展的基本规则。在这种关系中，既强调尊重人，又强调尊重自然。在人类与自然共存发展的漫长历史进程中，人类社会文明进程伴随着对自然的破坏和巨大影响，反过来给人类自身的生存发展带来的严重灾难或潜在苦果在不断告诫人们，人类不仅要改造自然、利用自然、从自然中索取，更要注重保护自然，维护自然的生态平衡和物种平衡，尊重自然发展变化的规律性。只有这样，人类生存繁衍的自然环境、生态环境才能更为人类谋福。构建和谐发展的社会主义新农村，谋求科学发展路径，就要通过人们思维观念的转变，致力于改变传统农业对自然的挤压和破坏，同时通过人的创造力恢复破坏了的自然功能；放弃粗放型的生产方式和耕作方式，走集约型农业发展的道路；学会利用科学发展手段从自然中获取，并回馈自然；在处理人与自然的关系中，还要努力使人口的增长率与自然的承载力、供给力相适应，才能求得人与自然和谐平衡。如果农村人口盲目增长，导致人均资源占有量持续下降，资源消耗超常扩张甚至导致资源枯竭，就难以支撑农村经济的可持续发展；如果对农业地力无节制地利用而没有合理有效的“反馈”、“补给”，地力下降终将会导致农产品收益率下降，如此等等。所以，强调人与自然的和谐，是新农村建设的重要特征。

二、以新农村建设为动力，构建社会主义和谐农村

新农村建设内涵丰富。不仅涉及农村的基础设施、环境、住

房等硬件条件的改善、整治和建设，而且涉及农村的教育、文化体育、医疗保健，以及良好村风与民风的形成等软件系统的建设，两者缺一不可，互为促进的。我们不仅要看到农村基础设施建设、农民生活水平方面存在的差距，还要看到社会发展方面存在的差距。建设社会主义新农村，必须抓住关键，突出重点，着力在“新”字上下工夫。按照物质文明、政治文明、精神文明、社会文明、生态文明共同发展的要求，制定具体的、可操作性强、又不过于烦琐的措施，要坚持因地制宜、分类指导、分类实施、整体推进的原则，不搞一个模式，不搞一刀切，不搞强迫命令，防止形式主义。因此，我们要抓住新农村建设的有利时机，我们要以推动城乡统筹发展为根本；以稳定粮食生产为基础；以建设现代农业为方向；以调整农业结构和农业增长方式为手段；以增加农民收入为目标；以改革开放为动力；以加强农村基础设施建设为保障；以全面提高农业农村经济发展为主要任务，全面实现构建社会主义和谐农村的宏伟目标。

1. 实现农民持续增收，以稳定保障和谐

富民是执政之要，民富是和谐之基。民富是指农民家庭，在基本生活和医疗保障的基础上，能有节余，而且日子越过越红火，生活越过越富裕。建设社会主义新农村，经济发展是基础，农民富裕是保证。在加快发展经济、增加社会财富的同时，应该更加注重社会公平，不断提高城乡居民的收入水平和生活水平，

努力缩小收入差距，是构建社会主义和谐社会的必然要求。社会稳定是经济和社会各项事业发展的前提，是人民群众安居乐业的根本保证，是我们构建和谐社会的一个重要方面。

2. 改善农村村容村貌，以环境促进和谐

人与自然和谐相处，是社会主义和谐社会的六个基本特征之一。社会主义和谐社会，在一定意义上就是两大和谐，即人与人的和谐以及人与自然的和谐。人与自然的和谐共处，则是人与人之间和谐的前提与基础。新农村建设要做到规划合理、设施配套、特色明显，达到“六个化”的标准：村庄绿化、河道净化、道路硬化、卫生洁化、建筑美化、道路亮化。村容村貌优美整洁，是形态的文明，是农村文明程度的一个重要标志，也是建设社会主义新农村的一项重要内容。首先，在新农村建设中要加强环境治理保护，促进人与自然相和谐。其次，加强环境保护力度，实施环境保护专项整治，使水环境和大气质量得到一定改善；对生活污水实施集中处理，关、停、并、转污染企业，对燃煤锅炉、水塔和烟囱进行综合整治。让农民感受到既不脱离“农”，又享受到城市居民一样的物质和文化生活条件，切实感到新农村建设的效果。农民成为了“就业在工业园，居住在新农村”的新型农民。再次，加快推进农村基础设施建设。加强农村基础设施配套和完善，使农村更适合农民的生产、生活需要以及发展提高的需求。

3. 推动社会事业协调发展，以公平求得和谐

正确处理效率与公平的关系，是构建和谐社会的核心所在。实施“保障工程”，从群众最关心、最现实、最直接的利益问题入手，促进农村和谐社会建设。随着经济的快速发展，不断加大改革力度，转变发展观念，创新发展模式，提高发展质量，把发展各项社会事业摆到更加突出的位置，妥善处理各种利益关系，坚决维护社会公平正义，积极推进和谐社会建设，努力从根本上减少矛盾的产生。完善社会保障体系。关心弱势群体，建立和完善就业、养老、医疗等农村社会保障体系，让改革发展的成果惠及广大农民群众。

4. 树立乡风文明风尚，让素质巩固和谐

风正是建设新农村的精神支撑和活力源泉，指农村管理民主、文明和谐、氛围好。社会治安总体达到“三无”：即无集访、无案件、无违章，创造一个农民群众安居乐业、物质文化生活丰富多彩、人与人和谐相处的良好环境。风正包括党风、政风、民风，是社会和谐的灵魂。构建和谐社会，需要有力的精神支撑和良好的文明水平。首先，端正党风，构筑强基工程。构建和谐社会，关键在党。在新农村建设中，基层党组织的战斗堡垒作用和党员的先锋模范作用得到了发挥，许多农民群众正是通过新农村建设，增进了对党组织的亲近和信任。形成“进万家门、

问万家事、解万家难、暖万家心”的干部下访新局面，在党和政府与百姓之间架起了一座“连心桥”，开通了一条“亲民渠”。其次，抓好政风，打造阳光政府。力倡公开、公正之举，积极塑造服务政府、民主政府、透明政府、法治政府和廉洁政府，不断增强干群的和谐度。着力在政务公开制度化、规范化、经常化上下工夫，坚持上下联动，做到政务、村务、居务、财务、医务、校务等公开。再次，改善民风，提升全民素质。广泛深入地开展“知荣辱、促和谐”的社会主义荣辱观教育，倡导爱国、敬业、诚信、友善等道德规范。突出思想教育内涵，广泛吸引群众参与，改变农村的各种生活陋习，倡导健康、文明、科学的生活方式。

三、构建和谐农村方略

党的十七届三中全会提出加快推进社会主义新农村建设，大力推动城乡统筹发展的要求，胡锦涛总书记“两个趋向”的重要论断，各地各部门对解决“三农”问题的理解不断加深，一个关心农业、关注农村、关爱农民的社会氛围正在逐步形成，为建设社会主义新农村提供了较好的思想基础。我国国民经济持续较快发展，综合经济实力不断增强，近几年对解决“三农”问题的财力、物力支持力度越来越大，为建设社会主义新农村提供了良好的物质基础。改革开放以来，广大干部和群众为农村经济和社会的发展作了艰苦的探索和实践，积累了丰富的经验，取得很大成效，为建设社会主义新农村提供了扎实的工作基础。十六届五中全会指出要按照“生产发展、生活宽裕、乡风文明、村容整洁、管理民主”的要求推进新农村建设，这涵盖了农村生产力发展、农村精神文明建设、民主法制建设等方方面面，体现了经济文明、政治文明、文化文明、社会文明四位一体，有很强的综合性。中央十六届五中全会提出建设“社会主义新农村”，是在新的历史背景中，在全新理念指导下的一次农村综合变革的新起点。五中全会指出，要按照“生产发展、生活宽裕、乡风文明、村容整洁、管理民主”的要求，扎实稳步地加以推进，这都体现了构建和谐农村的目标要求。

1. 构建和谐农村的基本目标

构建和谐农村的基本目标包括：

①生产发展，生活宽裕。主要是指在推进农业和农村经济结构调整中，农业生产尤其是粮食生产要稳步发展，做到粮食增产、农业增效、农民收入和绿色生态环保几方面的统一。生活宽裕，主要是指在生产发展的基础上，农民的收入逐步提高，衣食住行的条件不断改善，生活水平和生活质量明显上升，生活条件更好，城乡差别缩小。建设新农村，构建和谐农村的首要任务，就是推进现代农业建设，而现代农业建设必须以产业的发展壮大为支撑，这是富民强民、转移农民、减少农民、富裕农民的根本之所在。要通过优化农业内部结构，发展现代高效农业，实现挖潜增收；

靠农业产业化经营，做大龙头企业，实现二次分配，增加农民收入；靠工业化、城镇化减少和分流农业人口，为农民提供各种社会保障；靠我国强农惠农政策，让农民分享经济增长的成果，提高农民从国民经济的二次分配、各种补贴和税费减免中增加收入。

②农民行使民主权利。实行民主选举、民主决策、民主管理、民主监督四大民主，即是我国农民的一项伟大创造，要建立完善民意表达机制，畅通社情民意表达渠道特别是困难群众利益表达渠道。建立超前联动的矛盾排查调处制度，对收集到的群众意见，排查出来的矛盾纠纷，应针对其不同的特点，认真研究处理的途径和办法，妥善加以解决。推行村民民主议事决策制、村务情况通报制、村务征求意见制等一系列民主管理制度，使村务管理的人性化、科学化、民主化，让村民参与议政、参与决策、参与管理，有利于广泛地集中群众的智慧，使决策科学化，又能调动群众积极性。更重要的是村民对村务有了知情权、参与权、决策权、建议权、监督权，使村民有了当家做主的自豪感，这样能使村民心情舒畅地、积极地参加和谐农村的建设。

③乡风文明，主要是指农民群众的思想、文化、道德水平不断提高，崇尚文明、崇尚科学、社会风气健康向上，教育、文化、卫生、体育等事业发展逐步适应农民的需求。倡导和谐的心理结构，促进人际关系和谐。和谐的人际关系是和谐文化最现实、最直接的表现形式，与人民群众关系最密切，也最需要。要构建和谐的人际关系，首先就要构建人们和谐的、良好的心理结

构。要引导人们克服自私自利、宗族思想，确立互惠互利、合作共赢等新观念。通过大力加强乡风文明建设，积极倡导创业之风、自强之风和美德之风。

④优美环境，这是建设和谐社会不可或缺的重要内容。我们的目标是“三生”，即生产发展、生活改善、生态良好。在保持经济高速发展的同时要同合理地利用资源与改善生态环境有机地结合起来，不能再走以损害资源与生态环境为代价而追求经济高速发展的、不可持续的、难以为继的老路，实现经济、社会、生态三个效益的统一，形成经济与生态的良性循环。目前各地推行的生态农业与生态家园建设，把种植业、养殖业与生物能源结合起来，创造了良性的循环经济模式，正在大范围推广。

2. 构建和谐农村需要处理好的几个关系

①处理好长远目标与阶段性任务的关系。建设社会主义新农村是一项长期而艰巨的历史任务，必须规划先行。制定规划要以发展农村生产力和改善农民生活为根本出发点和落脚点，兼顾当前和长远。既要有总体规划，又要有产业、事业发展规划；既要有农民的住宅规划，又要有生活服务设施和环境保护规划；既要有总体发展目标，又要有分阶段实施方案；既要从农民最急迫需要解决的问题入手，又要注意解决带根本性的问题。

②处理好粮食安全与农民增收的关系。我国粮食消费增长与耕地减少的趋势不会改变，粮食比较效益低和生产资料价格上涨

的局面也不会在短期内有所改观。因此，保障粮食安全的任务非常严峻。保障国家粮食安全，是各级政府的一项重要责任。在市场经济条件下，如何保障国家粮食安全和农民增收，是必须妥善处理的重要问题。一是要通过市场调节和政策保护，使粮食价格与整个物价水平基本平衡；二是要加大对粮食主产区的财政投入，加强主产区粮食生产能力建设；三是要加大培训力度，把更多的农村富余劳动力转向第二、第三产业；四是要大力发展农民专业合作社，搞好统分结合的双层经营，促进粮食和经济作物规模化、集约化经营，提高粮食产量和农民的经济收入。

③处理好财政、金融、社会资金支农的关系。当前新农村建设资金主要是财政投入，农户贷款在金融贷款余额中所占比例很低，社会资金流向农村、农业的更少。应当明确，国家财政支农投入主要是为农业生产和农村经济社会发展提供公共产品，要整合财政支农资金投入渠道，降低行政成本，提高资金使用效率，搞好中央各部门的协调。在公共财政承受能力有限的情况下，还要发挥金融机构支农的重要作用。要改革金融支农体制机制，鼓励政策性金融机构采取积极有效措施支持农业。要降低农民贷款门槛，适当增加贷款数量和延长贷款期限，通过立法规范引导民间资本进入农村。支持社会资金进入农业和农村，鼓励工商企业向农业农村投资，支持乡镇企业，参与新农村建设。建议国家要尽快出台社会资金支农政策。

④处理好推进城镇化、工业化与落实最严格的耕地保护政策

之间的关系。建设新农村，实现工业化、城镇化，必然要占用土地，但为了保障粮食安全，又必须保护好基本农田。因此，如何处理好两者的关系，是新农村建设中必须高度重视的问题。可否考虑在确保新增土地数量和质量的前提下，对工业经济发展条件较好，工业反哺农业具有后发优势的城镇，在用地指标上予以适当倾斜，加快城镇化、工业化进程。国家应制定政策，鼓励大中城市把工厂办到具有区位优势、资源优势和良好生态环境承载能力的县城和乡镇，促进大中小城镇协调发展。

⑤处理好农民参与新农村建设与减轻农民负担的关系。新农村建设主体是农民，要教育农民克服等、靠、要的思想，走自力更生的道路。国家在资金、政策等方面给予支持，投工投劳要以农民为主。新农村建设的一项重要内容是改善农村的基础设施。基础设施建设，对一个村来说，是为全村群众服务的，理应由全村群众民主决策，自主建设和管理。建议国家或地方政府要尽快完善农村投资投劳管理办法。

⑥处理好统一规划与尊重群众意愿的关系。农民生产发展了，收入增加了，首先是建新房，改善住宅条件，这也是新农村建设的重要任务。因此，新农村建设必须搞好统一规划，特别是街道、住宅区、公用设施、污水垃圾处理等，必须尊重群众自主建设的意愿。既要提倡现代建筑模式，又要尊重地方习俗和民族风格。同时，要根据平原、山区、丘陵等不同的地理特征和经济发展水平，进行分类指导，切不可一刀切。

3. 构建和谐农村的基本措施

新农村建设，机遇与挑战并存，优势与困难同在。“十一五”规划中把工业反哺农业，城市支持农村，实现工业与农业，城市与农村协调发展作为战略指导思想。近年来党中央和国务院对新农村建设出台了一系列优惠政策，加大对农村的支持力度，各级党委、政府按照“多予、少取、放活”的支农惠农政策，为新农村建设提供了良好的政策机遇。新农村建设要按照“生产发展、生活宽裕、乡风文明、村容整洁、管理民主”的目标任务一步一个脚印去组织实施。根据我国农村的自然状况、农民的思想观念、劳动力素质、落后的生产能力去完成新农村建设，从而积极建设和谐农村，这项任务是十分艰巨的。构建农村和谐社会，加快发展是前提，立足实际是基础，改善民生是根本，依靠群众是关键，提升水平是重点，队伍建设是保障。构建农村和谐社会，以发展农村经济、富裕广大农民、帮扶弱势群体、和睦乡邻关系、密切干群关系、促进农村稳定和发展为主要内容。

①统筹城乡经济发展，构建和谐社会。构建农村和谐社会，关键在加快农村经济社会发展。一方面继续加大政府财政对农村各项事业的支持力度；另一方面，从培植壮大龙头企业入手，推动农村产业分工和专业化，加快剩余劳动力转移，推动规模经营，积极探索促进农民增收的新路子。积极发展现代农业，给农业注入更多的现代理念和方式。也就是说，今后要在科学发展观

的指导下，将更多地用现代物质条件装备农业，用现代科学技术改造农业，用现代产业体系提升农业，用现代经营形式推进农业，用现代发展理念引领农业，用培养新型农民发展农业，提高农业水利化、机械化和信息化水平，提高土地产出率和农业劳动生产率。优化调整农业结构，提高产业化水平和集约化程度，促进农业增长方式的根本转变和农业节本增效。进一步推动农业生产基地化、订单化、标准化，农业服务组织化、社会化、区域化、专业化，农村市场体系化，农产品检验检测网络化，按照优质、高产、高效、生态、安全的要求，促进特色农业、品牌农业和绿色农业加快发展。建设现代农业，除了农民自己的艰苦奋斗之外，还要实行以工促农、以城带乡，给农业以更多的支持，促进农业现代建设进一步向前发展，只有这样才能更好地促进经济社会协调发展，才能进而形成更完善的分配体系和社会保障体系，才能不断满足人民群众多方面的需求。政府部门要加大对农村基础设施建设的投入扶持，加快农村通水、通路、通电的建设力度，改善农村生产生活条件，为农村经济社会发展提供良好的环境和广阔的空间。

②维护农民利益，处理好群众的权益诉求和依法保护的矛盾。主要体现在处理农村土地问题上。这些年来，随着工业化、城市化步伐加快推进，用地日益增多，因征地纠纷、征地款补偿、拖欠征地款和征地款使用管理、私卖土地、土地租赁、宅基地纠纷等农村涉土问题，逐渐成为当前农村的热点和敏感问题。

在征用农村土地过程中，有的农民利益受到侵害，合理权益诉求得不到应有的补偿，从而引发了一系列社会矛盾。这些矛盾因涉及面广、时间跨度长，问题错综复杂，且受经济发展水平和政策性等因素的限制，一些群众的合法要求难以得到完全满足，加上社会保障和救助体系不够完善，农民表达利益诉求的愿望和行为就更为强烈，这些矛盾若调处得不好，就有进一步激化的危险。

③建立健全农村教育投入的保障机制，保障教育公平。农村教育事业发展滞后，劳动者素质低下，是长期制约着农村经济发展的主要因素。因此，大力发展教育事业，提高教学质量，弘扬文化发展，提高劳动者素质，是加快和谐农村建设的主要途径。在教育发展方面，政府部门要重视基础教育，加大对农村教育的投资扶持力度，加快实行免费义务教育。要真正落实中央提出的把农村教育作为整个教育工作“重中之重”的要求，真正实现政府办农村义务教育，必须按照建立公共财政体制的要求，加大中央和省市财政的转移支付力度。要加快步伐，对农村家庭贫困学生实施“两免一补”。即对农村义务教育阶段贫困家庭学生实行免书本费、免杂费、补助寄宿生生活费。按照科学合理，公开、公正、公平和方便操作的原则确定资助对象，并实行动态管理。要通过实施“两免一补”，确保农村义务教育阶段的适龄儿童都能上学。确保每一个学生不因家庭经济困难而辍学，人人都能完成九年义务教育。要推进农村学校计算机普及和教育信息网络建设，努力为农民子女创造更好的学习条件。大力发展教育事

业，不断提高劳动者素质，使科学技术在农村得到广泛应用，加快农村经济持续、快速、稳步健康发展。同时，加大对农民的培训投入，实施农村劳动力向非农产业和城镇转移。

④加快农村新型合作医疗制度建设步伐。看病难、治病难，因病返贫是农村发展缓慢的原因之一。许多农民生病无处就医，无钱就医的矛盾突出。当前，要突出四个着力点：一是积极稳妥地扩大农村新型合作医疗试点。要按照“风险共担、互助共济”的原则，着力完善政府推进、农民互动、社会参与的工作机制，加快以大病医疗统筹为主的农村新型合作医疗制度，继续跟踪试点中出现的新情况、新问题，不断改进和完善新型农村合作医疗筹资机制和基金监管办法，确保这项制度平稳运行。同时要及时总结经验，逐步扩大试点范围，让更多的农民得到新型农村合作医疗的实惠。二是着力改善农村医疗服务条件。安排经费，用于计划免疫用疫苗购置、艾滋病防治、血吸虫病防治、农村卫生技术人员培训等工作。三是多渠道筹措资金，重点支持贫困乡镇卫生院新建和改造工程、诊断设备购置。四是实施农村医疗救助制度。主要是救助患了大病个人又难以负担医疗费用而影响家庭基本生活的患者，使这部分人看得起病、用得起药。农民“看不起病”、关键就在于城乡二元结构下，低收入的农民面对的是一个统一的、按照城市标准制定的医疗和药品价格。因此，要立足构建长效机制，在各级政府确保加大投入、尽快提高基层卫生机构的基础设施、卫技人员水平的基础上，充分发挥财政职能，运用政

府采购、补贴、差别税收政策等财政手段，并协调配合有关部门，尽快探索建立一种与目前农村经济发展水平相适应的、低成本运行的农村医疗体系，让农民就近得到及时、低廉、有效的治疗。同时要与计划生育奖励扶助政策相结合，建立起农村养老保障制度，并不断提高养老金标准。同时，完善农村最低收入保障等制度。

⑤加强农村政治、文化、生态、社会相关方面建设，努力保持社会各领域协调发展，化解社会管理滞后与建设和谐农村的矛盾。随着改革开放的不断深化，劳动者就业结构和方式不断变化，人员流动性大大增强，社会组织和管理面临许多新问题。一方面，农民群众的民主意识法治意识日益增强，但相应的行政管理方式和管理方法却跟不上，从而造成在个别地方党群、干群关系较为紧张；另一方面，有些群众因法治意识不强，当自身的合法权益受到侵害时，合理要求反而以不合法的途径解决，有时与基层干部不依法办事交织在一起，使得矛盾更加复杂、更难处理。要进一步健全村委会直接选举制度，规范村级重大事务决策程序，建立和完善村务民主管理制度；改变农村人居环境“脏、乱、差”的现状，开展以“村庄绿化、道路硬化、庭院净化”为切入点的文明生态村镇创建活动；继续组织开展好文化、科技、卫生“三下乡”活动；逐步建立全覆盖的城乡最低生活保障制度、孤寡老人供养制度、失地农民基本生活保障制度等社会保障制度；加强法制宣传教育，提高法律知识在农村的普及率，让农民知法、守法，依法维护自己的合法权益。

第 三 章

城镇化：找准二元经济并轨的结合点

城镇化，也称非农化，是指人类生产和生活方式由乡村型向城市型转化的历史进程，表现为农村人口向城市人口转化以及城市不断发展和完善的过程。美国著名发展经济学家刘易斯说：劳动力从农村流向城市，本身即为经济发展的一个重要标志。劳动力从传统农业中释放出来，重新配置到城市工业部门，使城乡的产业有了明显分工，既促进了工业化，又促进了城市化，还解决了农村人口的失业问题。实施城镇化战略，让大量的农民进城变成城市居民。从这个意义上讲，城镇化是“三农”实现新一轮跨越式发展的又一平台，是实现我国二元经济并轨的较好结合点。

一、城镇化：统筹城乡发展的切入口

城镇是乡之头，城之尾，上接大中小城市辐射，下连广大农村，是农副产品的集散地和加工基地，城市制造业的配件加工基地，周围腹地农村的政治经济文化中心。随着农业生产力水平的提高和工业化进程的加快，我国推进城镇化的条件日渐成熟。不失时机地推进城镇化，已经成为当前和今后相当长时期内我国国民经济和社会发展的一大战略性措施。统筹城乡发展，是相对于城乡分割的经济社会二元结构而言的，它要求把农村经济社会发展纳入整个国民经济与社会发展全局进行通盘筹划，综合考虑，以城乡一体化发展为最终目标，统筹城乡物质文明、政治文明、精神文明和生态环境建设。也就是说，新农村的建设，要与城市的发展接轨，并保持同步，让新农村变得与城镇一样。要实现这个统筹，关键在于填平“二元经济”鸿沟。

1. 城乡鸿沟现状

美国著名的发展经济学家、诺贝尔奖获得者刘易斯提出了“二元经济结构”理论，他曾经作过形象的比喻：城市现代部门与农村传统部门的收入差距是“陡峭的海岸”而不是“平缓的沙滩”。

我们的城乡差异有多“陡峭”呢？按照一般的说法是1∶3.2。但是，一些专家按可比价来计算，则认为我国城乡收入差距已经达到6倍左右。而且，这还仅是城乡间的“名义差别”，如果再把城市居民所享有的、对农村居民来说可望而不可即的各种实物补贴，如公费医疗、国家对中小学财政补贴、养老金保障、失业保险、最低生活救济等计算在内，城乡的“实际差别”将更大[①]。按我们经常用以形容城乡差别的比喻来说，城乡差别有如一把张得大大的“剪刀”。据专家分析，随着城市化进程加快、劳动力流动加快，现在城乡的差别已经由一个“剪刀差”变成了三个“剪刀差”。

第一个“剪刀差”：工农产品价格“剪刀差”。早期，为了实现工业化和城市化，国家通过工农产品价格剪刀差的办法，在农村积累巨额的资金。在工业化初期采取这种办法，是正确的，是完全可以理解的。但是，我国工业化从农村积累资金的时间拉得太长。从20世纪50年代起，由计划经济到90年代实行社会主义市场经济，经历了40多年的时间。在这期间，出现了1958年的“大跃进”和三年自然灾害时期，60年代又发生了“文化大革命”十年动乱，国民经济发展遭到了严重干扰和破坏，推迟了工业反哺农业阶段的早日到来，也使这把“剪刀”张得更大。

第二个“剪刀差”：土地价格“剪刀差”。改革开放后，特别是20世纪90年代突破了计划经济体制的束缚，开始实行社会主义市场经济体制，为了加快工业化、城市化的建设，全国各地出现了开发区热和房地产热，开始了一场规模宏大的“圈地运动”，农村土地开始成为热炒的商品。由于中国的土地属于国有，

---

① 资料来源：国家统计信息网《姚景源：从统计数字看中国经济》。

土地政策规定，农村的土地不能直接进入一级市场，农村——农民无权直接买卖土地，建设开发区和开发房地产的用地，必须先由政府征用，然后才能进入一级市场。往往政府从农民手中征地时价格低廉，然后稍作平整，转手便能高价出售给开发商，而开发商则通过开发，使土地的价格更是翻着跟头往上涨。因而形成了第二个“剪刀差”。

第三个“剪刀差”：劳动力价格“剪刀差”。我们知道，改革开放以来，中国的经济走向世界，已经在世界崛起。而崛起的一个重要原因，是中国存在着巨大的廉价劳动力，凭借着我国廉价劳动力的优势，我国的产品具有强大的竞争力。中国具有质优价廉的劳动力优势，能吸引外资到中国投资，推动了我国的经济发展，成为“世界的工厂”。改革开放以来中国经济发展取得的成就，中国农民贡献巨大。目前，中国已有1.4亿农民离开农村到城市打工，但是，他们进城干着最累最重的活，其工资收入却最低，与城市职工的工资存在着一个很大的“剪刀差”。据全国人大副委员长成思危的报告指出，我国的劳动力成本不到美国的4%。美国每小时的工资是16美元，墨西哥约4美元，中国约为0.5美元。那么，中国农民的劳动力成本则更低。

在三把“剪刀差”下面还有一道无法逾越的鸿沟：城市户籍制度。在“大跃进”时期，1958年1月全国人大讨论通过颁布了中华人民共和国第一部户籍管理法令：《中华人民共和国户口登记条例》。从此，城镇和农村之间就成了两个不同的世界了。城市从农村积累提取资金发展工业，取得更快的发展速度。而农民封闭在农村的狭窄土地上，只能从事“以粮为纲”的低效劳动，连到城里打工的资格都没有。农民分享不到工业化、城市化的成果，即使能分享，也要付出更高的代价。这种严格的城乡分割的户籍管理制度，把城乡的差距、工农差距、地区差距不断拉大，致使国民经济发展严重失衡，使农村、农民长期处于贫困落后状态。而且，由于城乡二元经济结构的持续存在，又推迟了工业反哺农业时期的到来。城市至今还在享受着各种政策与资源优势，福利保险优先、卫生教育优先，而农村什么都滞后。城市和农村之间竞争与发展条件的不平等，使城乡居民收入以及与收入相对应的生活与发展质量指标差距越来越大。

三个“剪刀差”下的一条鸿沟，成了新时期社会矛盾的主要方面，也成了建设全面小康社会的必须跨越的第一道难关。正由于城乡差别越来越大，决定了统筹城乡发展对于解决“三农”问题的紧迫性与重要意义。

2. 提高城镇化水平是解决“三农”的有效途径

统筹城乡经济社会发展，是相对于城乡分割的“二元经济社会结构”而言的，它要求把农村经济与社会发展纳入整个国民经济与社会发展全局之中进行通盘筹划，综合考虑，以城乡经济社会一体化发展为最终目标，统筹城乡物质文明、政治文明、精神文明和生态环境建设，统筹解决城市和农村经济社会发展中出现的各种问题，打破城乡界线，优化资源配置，实现共同繁荣。一句话，统筹城乡发展，就是让城里有的农村也有，让城里人过的好生活农民也一样能享受，农村与城市齐步前进。

①只有提高城镇化水平才能解决农产品过剩问题

我国当前的国情决定了农产品市场难以扩大。2001 年我国城镇化率仅为 36.77%，即我国当前有八亿多农民生产的粮食供城镇四亿人消费，这一基本情况决定了国内对农产品的需求规模相当有限。由于对农产品的需求是相对稳定的，无论怎样增加投入、增加产出、调整农业内部结构，农业生产总值的比重仍在逐年下降。特别是我国正步入中等收入国家行列。随着我国城乡居民生活水平逐步提高，恩格尔系数呈现逐年下降的趋势，由于恩格尔系数与农民农产品收入增长率呈正相关关系，恩格尔系数下降意味着居民对农产品的实际消费倾向下降，从而导致农民农产品收入增长率下降，特别是以生产水稻、小麦、玉米等主要粮食作物的农民收入增长率下降更为明显。而且，居民消费水平越高，其食品消费中购买初级食品如大米、土豆等的比例也就越小，大部分的食品消费则用于购买精加工食品或下餐馆，即居民新增加的食品消费支出绝大部分流入食品加工或餐饮服务业，只有很少一部分转化为农业国民收入、流入农民手中，在这样的格局下，农民收入难以增长。中国入世后，有人设想通过扩大出口解决农产品过剩问题，这个难度也很大。一是我国人多地少的国情决定了种植业没有多大的比较优势，农产品生产成本相对较高，主要农产品的价格都比国际的价格高，出口缺乏竞争力。二是我国大部分农产品质量低，满足不了国际市场对高质量农产品的需求。因此，解决农产品过剩的最好办法，就是把大量的农民转入到城镇，进入第二、第三产业，把初级农产品变成精加工的食品，才能为国内外市场接受，农产品过剩的问题才能随之解决。

②只有加快城镇化才能提高农民收入

在农产品供需大体平衡的情况下，特别是农产品在已经解决了温饱问题的情况下，农业生产增收的空间已经变得很窄，农民的收入水平不是由农业生产水平决定的，而是由居民消费水平决定的。随着居民消费水平的提高，居民用于食品消费的支出不断降低，农民参与国内生产毛额分配的份额不断缩小，在农民就业人数没有显著减少的情况下，农民收入增长必然放慢。当前农民主要人均收入可以表达为：第一产业生产总值/农业人口。在此公式中，分子越来越小，而分母基本保持不变，农民收入从何提高？从各国经济发展的经验看，随着经济的发展，农业国内生产毛额比重下降是一个国家工业化、城镇化发展的必然趋势，在难以提高第一产业生产总值的比重情况下，只能从降低分母上想办法，在农业国内生产毛额比重下降的同时，也同步降低农业人口的比例，城镇化也就势所必然。而每有一个农民进城，就减少一个农产品的生产者，相应地增加一个农产品的消费者，这一减一加之间，产品的价格就能升高一点，农民的收入份额就能显著提高。也就是说，只有加快城镇化进程，让进城的农民以第二、第三产业作为主要收入来源，那些没有离土的农民的收入份额自然扩大。

近几年，中央为了提高农民收入，就减轻农民负担采取了一系列的措施，这充分体现党中央对农民利益的关切。但是，从长远来看，城乡收入的鸿沟不是通过减负可以填平的。据农业部“农民负担研究”课题组研究的结果，我国农民负担大概占农民人均收入的 20％。在此我们不妨作个大胆假设，取消农民所有负担，让农民不拿一分钱出来，那只能使农民人均年收入提高 400 元左右，城乡差距仍然很大。事实上，2002 年实行农村税费改革，减轻农民负担 300 亿元，平均每个农民增收 40 元左右，只提高农民人均年收入 1.6 个百分点，这对于城乡居民收入差距 3 倍多的现状来说，无异于杯水车薪，也不能从根本上解决增加农民收入问题。如果按前面所算的加减法，情况就不同了。即减掉了一个农民，把减掉的这个农民的农业收入份额加到另一个农民的身上，只有加快城镇化进程，减少农民数量，让农民变成城镇人，来实现提高农民收入，缩小城乡差别。

③只有加快城镇化的进程才能解决农业剩余劳动力问题

长期以来，大量剩余劳动力滞留在农村，严重制约着农村经济的发展和农民收入的增加。据有关方面调查，目前农村劳动力在乡镇企业就业的约有 1.3 亿人，进入城镇和发达地区就业的有 9400 多万人。但从总体上看，目前农村剩余劳动力数量仍然庞大，约有 1.8 亿人，农村就业形势仍十分严峻。今后一个时期，农村劳动力又将出现一个新的增长高峰，农村劳动力富余问题会越来越突出。这支庞大的剩余劳动力队伍如果一下子涌入大中城市，肯定难以承受，小城镇则是最好的载体。从农业剩余劳动力转移一般规律分析，国际经验表明，人均 GDP 在 1000 美元左右时，产业结构会经历急剧的变动，在第一产业就业的劳动力的比重迅速下降，大量劳动力向第二、第三产业转移，从而使以第二、第三产业为依托的城镇得以发展，城镇的发展将进一步促进产业结构和劳动力结构的调整。我国在改革开放 30 年农村劳动力向外部转移过程中，在第二、第三产业就业的比例平均才勉强达到 1∶1，日本、韩国和中国台湾在我们这个发展阶段城市人口比重都达到 66 % ~ 75 %，而我国目前才达到 37.66 %。

目前，我国已进入中等收入国家的行列，然而当前我国和中等收入国家人口的就业构成上却存在相当高的偏离度，我国第一产业就业人口比重高出 5.9 个百分点，而第三产业就业人口比重低 7.6 个百分点。之所以造成这种格局，主要是因为过去我们在农业劳动力转移方面所推行的“离土不离乡”的政策，以及城市对农村劳动力的限制政策，使大批剩余劳动力游离于城乡之间，既难稳定与扩大第二、第三产业队伍，也难推进城镇化进程。加上收入偏低，使农村人口对服务业的需求很低，大量服务性劳务都采取自助方式，难以带动服务产业的发展，使经济结构调整中第三产业这一巨大的就业空间没有释放出来。这种转移模式直接导致了城镇化不能随着工业化的迅速推进而发展，我国非农产业就业人口比重与城镇化水平的偏离度一直在十几个百分点，这个巨大的缺口几乎可以填进所有的农村剩余劳动力。

二、新世纪城镇化目标与模式

城镇化是一个大战略，是新一轮发展的载体和突破口，要把推进城镇化建设作为促进城乡、区域协调发展的重大战略举措来抓，走出一条有中国特色的城镇化道路。这是党的十七大提出的要求。

1. 我国城镇发展存在的问题

改革开放以来，尽管农村小城镇发展的速度很快，但由于其成长具有特殊背景，即城乡分割的二元结构，加上急功近利的思想，使我国小城镇发展不可避免地走过一些弯路、出现一些问题。

①小城镇的规模普遍偏小，严重制约了小城镇的健康发展。根据我国第一次农业普查资料，全国建制镇的镇区平均只有1221.1户，4518.6人，镇区面积2.2平方公里。中西部地区建制镇的镇区规模更小。建制镇尚且如此，一般集镇的规模可想而知。在镇域人口上，有的镇只有几千人，中西部地区镇区的人口更少。随着改革的深化，这种小规模城镇越来越不适应经济发展

的需要。一是小城镇的规模小必然造成发展空间和辐射区域狭小，使得城镇经济难以繁荣起来，城镇功能的发挥也受到极大影响，导致小城镇发展的后劲严重不足，并且不利于集中有限的财力加快农村城镇化建设的步伐。二是镇域规模虽小但行政人员却少不了多少，“麻雀虽小，五脏俱全”，众多的行政人员向农民伸手，农民的负担即使不重也会加重。

②资金短缺导致乡镇政府的急功近利行为。小城镇的公共服务基础设施建设需要一定的资金注入，如通路、兴建自来水厂、架设电杆电线、铺设排污管道和污水处理，办学校、开医院和城镇绿化、环境保护等，这一切都必须用资金作铺垫。而资金问题恰恰是小城镇建设最短缺的东西。从全国来看，小城镇的投融资体制虽然呈现出多样化的特点，但总的说来政府部门的投资仍然是最重要的。但是，许多地方财政仅保“吃饭”、“吃饭财政”又怎能投资建设小城镇呢？就只能依靠手中的资源（包括行政资源）扩大资金来源了。在农村，进行小城镇建设的主要手段便是“以地生财”和“集资建镇”了。“以地生财”是当前各地小城镇筹集建设资金的主要手段（这种做法实际上与保护耕地的国策相矛盾）。在实践中，各个小城镇都尽可能多出让一些土地，或者变相把农用土地非农化。“集资建镇”也是小城镇筹集建设资金的主要做法之一。以往，一般采取两种方式，一是“卖户口”，即将符合一定条件的农业户口转为小城镇户口，农民按照规定缴纳一定的费用。二是企业或个体工商户集资，又有

按照市场经济的做法和行政措施的做法。前者指把小城镇的某些基础设施交给企业经营，企业在经营过程中有利可图；后者指硬性摊派，要求小城镇的企业和个体工商户分摊一定的城镇基础设施建设费用，这实际上是对企业利益的一次剥夺，让外商和民间资本不愿或不敢投资。小城镇建设由于资金投入不足，很容易出现以下两种情况：一是低起点、低标准、低水平发展小城镇，把小城镇建成“说城又是村，说村又像城”的小村镇。二是采用“吃节萝卜剥层皮”的办法建设小城镇，因陋就简，需要什么建什么，急需什么办什么，完全处在被动应付状态，所以就有今天挖、明天填，今天建、明天拆的修修补补的现象发生，严重导致资源浪费、环境污染，社会成本越来越高。

③小城镇规模布局不够合理，遍地开花，盲目发展。目前，大多数的农村小城镇是依城（市）而立，临（国、省）道而建，在地域和行政区划上布点不均衡。多数是镇挨镇，不是梯度推进，小城镇的聚集与辐射功能难以发挥。有的新建镇缺乏事前评估论证和科学定位，盲目跟从，不是结合当地实际，发展工业城、商贸城、旅游城、度假城等不同层次、各具特色的小城镇，而是结构雷同、模式一样的低水平重复建镇。由于预测不够，眼光狭隘，很快就落后。有的新建镇刚一建成，就出现路窄了，交通阻塞；排污管道小了，雨水、污水不能及时排放；电力不够用、水源紧缺、发展空间几近饱和等问题接踵而至。更有甚者，有的把工业园、农民街的建设当做“政绩工程”，“官位阶梯”，

凭想象，拍脑袋，盲目求大、求全，大量损耗人力、财力、物力，严重浪费资源。

④现行户籍管理制度制约小城镇发展。在我国经济运行的市场化程度已经很高的情况下，仍然依靠僵化的户籍制度限制城乡劳动力的自由流动，已经远远不能满足经济发展的需求，也不能满足小城镇发展的需求。现行户籍制度严格限制了农村劳动力就业的空间范围，也带来一种农民身份歧视。“红本”（成市户口）与“蓝本”（农业户口）明显存在医保、社保和住房等差别，“蓝本”的孩子在城里入托、入学难、就业难。正因为这种差别，农民就流动于城乡之间，承包的土地不转让，农忙种田，农闲打工，故有“离土不离乡”的理论。在土地使用上，我国宪法规定，城镇土地属国家所有，农村土地属集体所有。集体所有制单位的土地交叉在一起，与行政区划不尽一致。农民有着“宁荒田，不失业”的陈旧观念，对承包的土地宁可广种薄收、粗放经营，也不愿转让经营权。这就为城镇建设对土地的规划、征收、转让带来一些难题，既不利于规划建设，又不利于土地的有效利用，也就必然在很大程度上限制了小城镇经济的发展。

⑤小城镇建设“小而全”、“小而散”，功能低弱。工业分散，人口散居，建设滞后的散、小、差是许多小城镇的特点。第二、第三产业不发达，缺乏产业支撑。兴业才能强镇，市旺才能富民。规模过小，难以产生城镇的聚集效应。目前有许多小城

镇，由于规划布局先天性不足的缺陷及自身积累能力的脆弱性，发展日益受到基础条件的掣肘。如供水供电设施不配套、交通不便或更改交通要道、排污工程滞后、产业结构不合理及科技含量低等，制约小城镇的发展。新建的镇又多是沿国道、省道、县道而建的“沿道”小镇，这种小镇没有专业市场的导向和乡镇工业的主导作用，很难形成规模效应，功能也很低弱，未能形成农村经济发展的牵引力和辐射能力。多数农村镇是“小而全”，没有突出自己的特色和优势，没有自己的主导产业，基础设施也是低起点、低水平的建设，甚至不配套，且服务功能不全，管理水平不高。有的镇只是把乡名变换为镇名，名为镇，实际处在乡的功能。

2. 我国城镇化发展目标

根据国际资料，1998 年世界平均城市（镇）化水平为 47%，1995 年发达国家和地区为 75%。考虑到中国人口多、农村人口基数大、土地资源尤其是耕地资源短缺以及人均经济实力、人均资源总量都远不及发达国家的实际情况，确定中国城镇化发展的长期目标应从中国国情出发，应略低于发达国家水平，界定在 70% 左右。在城镇化发展速度上，根据国际经验，城镇化发展是一个缓慢、加速、再减慢的过程。在城镇化水平达到 30% 左右后，城镇化发展进入加速阶段。当前中国的城镇化水平为 36.2%，正处在加速发展的过程中。中国争取用 50 年左右的时间，基本完成城镇化进程。在战略步骤上大体可分两步走：第一步在2020年前后，城镇化取得明显进展，使中国的城镇化水平达到50%左右。这一时期的关键：一是加速农村小城镇建设，开放县城或县域首位城镇的“城门”，允许农村劳动力在县域范围内流动起来；二是完善大中小城市的城市功能，大力发展第三产业，增强吸纳就业人口的能力。第二步在2050年前后，城镇化年均提高0.7个百分点左右，2050年前后使中国的城镇化水平达到70%左右，初步完成中国城镇化过程。这一时期的关键是扩大中小城市规模，完善县城或县域首位城镇的城市功能，进一步强化小城镇建设。

3. 城镇化模式选择

舆论界和学术界对城市规模问题一直存在争议。争论的焦点是中国应该重点发展大城市，还是重点发展小城镇。有人看到小城镇由于自身的局限而存在“小城镇病”，如乱占耕地、污染环境、重复建设等问题，认为小城镇不应该是我国农村城市化的理想目标，主张中国的城市化应走大中城市扩容为主的道路。有人则认为，如果不顾我国城镇化的客观发展规律，盲目攀比，势必会造成大中城市发展过快，导致人口膨胀、交通拥挤、环境恶化、就业困难、社会治安差等“城市病”。国外在这方面已经有深刻的教训。如拉美的一些国家、印度等国，在大批农民没有相应的就业、土地、社会福利、治安等配套制度下涌入城市，在城市边缘形成大量“贫民窟”，给整个社会带来严重的安全隐患，引发了一系列严重的社会问题。而20世纪90年代后期我国的政策向大中城市建设倾斜，城镇化进展缓慢，实践也证明通过重点发展大中城市来转移我国农村过剩人口是行不通的。

在对发展小城镇存在众多争议的同时，国家对小城镇的政策导向也摇摆不定。我国小城镇发展的几起几落，固然源于国家经济状况的变化，但与城镇化的模式选择不确定有关。20世纪80年代初，曾有过“划小乡”的插曲。当时已拟出相关文件初稿，征求各地意见。初稿拟将原公社的大队为范围划成小乡，认为这样“有利于发扬基层民主，克服官僚主义”、“谁家的狗是黑是白，谁家喝稀饭、吃干饭，一目了然”。这是逆城镇化的一种打算，当时已在局部省、区开始试点，后来在多数地区的反对下，幸而未成为事实，中央后来认为，划小乡不仅增加国家财政负担，而且“不利于集中人力、物力、财力以建设小城镇”。在80年代后期到90年代初，由于中央领导的倡议、舆论的推动，顺应了当时农村改革启动的农村乡镇企业的蓬勃发展，城镇化曾有过一段黄金时期。建制镇的数量从1982年的2664个增加到1990年的9322个。但90年代中后期，国家政策上明显向大中城市建设倾斜，加上乡镇企业不景气，“小城镇热”大为降温。进入21世纪的前两三年间，又出现过一次城镇建设热，持续到2000年，建制镇增至19692个，农村集镇达到3万多个。

坚持走中国特色城镇化道路是党的十七大提出的城镇化战略

的选择，要理解这个战略选择，必须明白中国当前实施城镇化的最重要的目的是什么。第一，要促进农业剩余劳动力和具备条件的农民能够更多更快地转移到城镇去就业和定居；第二，要加快形成合理的城镇体系，这既指整个国家要形成合理的城镇体系，也指各地要从实际出发形成符合当地经济社会发展要求的城镇体系；第三，所有的城镇，都必须提高自身的规划、建设和管理水平，以完善功能，适应经济社会不断发展的需要。只有这样，才能走出一条符合我国国情、大中小城市和小城镇协调发展的城镇化道路。

城镇化战略，发展小城镇应是重点。相对而言，小城镇虽然有规模小、布局分散、建设水平低、功能不全等“小城镇病”，但它具有地域分布广、数量多、基础设施投资成本低、体制包袱轻、新建扩建都有潜力等优势，因而吸纳农村人口的潜力大。加之农民进入小城镇的门槛和转移难度小、转移风险较低，其经济技术结构、职业结构同目前农村劳动力的文化技术状况比较接近，容易协调并在发展中能够实现同步提高。通过小城镇来推进城镇化进程，其质量虽低一些，但小城镇建设可以低成本、高速度地推进我国的城市化进程，也符合农村人口逐步从低等级规模城镇向高等级规模城镇滚动迁移的规律。当然，发展小城镇，绝不能理解为量的增长。其重点应该是对现有城镇的区位调整和规模的扩充，在城镇建设的质的方面提高。小城镇的发展必须选择重点。我国农村有4.5万个乡镇，如果每个乡镇政府的所在地都要大兴土木地搞小城镇建设，那必将成为一场新灾难。因此，要把小城镇建设的重点放在县城和部分基础条件好、发展潜力大的建制镇。据有关研究，一个小城镇只有当镇区人口达到 1 万人时，才能够发挥经济中心对镇域经济的集聚和扩散作用；2 万人时作用比较明显；超过 5 万个则可以对周边若干乡镇的经济和社会发展起到明显的带动作用。而全国建制镇的镇区平均只有 1221.1 户，4518.6 人，镇区面积 2.2 平方公里。中西部地区建制镇的镇区规模更小。如果我们在建制镇的现有规模上发展，那将是一个巨大的就业空间。当然，以小城镇为主推动农村城市化，只是整体城市化的特定发展阶段，并不排斥大中小城市的作用。而且从发展的眼光来看，今日的小城镇，其中一些将来也有可能发展成为中小城市。新崛起的深圳、珠海和上海浦东等现代化城市和地区，十几年或几年前也只是小渔村或城郊农村。

因此，加快小城镇建设，使之与大中小城市协调发展，形成政治经济文化的互动，才是中国特色的城镇化道路。

三、小城镇发展的策略选择

走中国特色的城镇化道路已经成为解决“三农”问题的有效途径，是党的十七大确定的战略选择。因此，如何促进城镇化，也成为各级党委、政府“三农”工作中的一项重大决策。

1. 工业反哺农业，城市支持农村

要促进城镇化，一方面必须按照胡锦涛提出的“两个趋向”的重要论断，以工业优势带动农业发展，帮助农业尽快实现产业化、规模化、专业化。另一方面，通过大中城市的辐射，促进小城镇健康发展。要真正落实“工业反哺农业，城市支持农村”，促进城镇化建设，就必须做好以下五方面的事情。

一是优化财政税收政策，公共财政支出更多地向农村倾斜。要“以税惠农”，最终让农民享受和城市居民一样的待遇；要增加对农田水利、乡村道路等小型农村基础设施建设的支持力度；要对农用物资的生产和流通，采取必要的扶持和补贴政策，使其零售价格保持在合理的限度之内，同时采取有力措施打击哄抬物价等坑农害农的行为；要完善农村义务教育管理体制，真正落实免费义务教育；要改善农村医疗条件，提高农民医疗保障水平。还有一点是要完善对农村困难群体的救助体系，逐步提高农村社会保障覆盖面。

二是建立以工哺农、以城带乡的长效机制。要探索建立规范的以工哺农、以城带乡专项资金筹集、管理、使用机制。按照广覆盖、低标准的原则，充分考虑企业和社会承受能力，向其他各类企业和经济组织征集资金。完善资源使用补偿机制，采取恢复征收城市公用事业附加税的方式，建立完善森林生态效益补偿制度，不断拓宽资金筹措渠道，逐步建立以工哺农、以城带乡的长

效机制。

三是积极推行以减少农民、增加市民为目标的工业化路线。在法律和国家产业政策的规制下，鼓励有条件的农民创业办厂，既可以在乡村办，也可以到城市办，取消各种歧视性的准入限制。在用工政策上，鼓励农民到工业部门就业，既可以离土不离乡，也可以离土又离乡，最终改变农民的职业身份。

四是加快城镇化进程，为农民进城就业创造更多的机会和公平的环境。要调整城市建设的思路，放宽农民进城就业和定居的条件。要积极探索多种形式，解决好进城务工人员子女就学、公共卫生、文化生活、社会保障等方面的实际问题，让外来人口逐步融入城市。这样做，有利于城市各种服务业的发展，也有利于城市社会的和谐。

五是建立资金回流农村的机制，解决农村资金“取之于民，用之于民”的问题。要从根本上解决当前农村金融中的突出问题，必须以促进农村金融市场的发展为目标，推行农村金融体制的整体改革。农业银行、农业发展银行、农村信用社的功能定位要进行调整，建立一个更完善、更有活力的真正为“三农”服务的农村金融体系。除了重视正规金融机构的改革外，还要从农村实际出发，研究有利于增加农户和企业贷款、有利于改善农村金融服务的其他途径和办法。

2. 积极培育小城镇的经济基础

城镇化不是简单的“非农化”，更不能不切实际，盲目求洋。否则，你在那里大兴土木，修大马路，建大市场，盖洋楼，但没有带动当地经济发展的产业，没有相当多的就业岗位，再漂亮的小城镇也只是唱“空城计”。“空中楼阁”难圆农民“市民梦”。只有立足于发挥当地优势，找准办企业与造镇的结合点、做大城镇经济“蛋糕”，才能有效地吸纳农民进镇。因此，发展小城镇，必须坚持以小城镇为载体，以农业产业化经营和乡镇企业“二次创业”为支柱，搞活载体，壮大支柱，利用小城镇人口和要素聚集高的优势创办各类经济园区。

充满活力的经济是小城镇繁荣和发展的基础。只有以经济发展为基础，以市场为依托，这样建设起来的小城镇就可避免有城无市的情况出现，使小城镇真正发挥作用，起到我们所希望的发展农村经济、转移农村剩余劳动力的作用。要根据小城镇的特点，以市场为导向，以产业为依托，大力发展特色经济，着力培育各类农业产业经营的龙头企业，形成农副产品的生产、加工和销售基础。要发挥小城镇的功能和连接大中城市的区位优势，兴办各种服务行业，因地制宜地发展各类综合性或专业性商品批发市场，要尽可能充分地利用风景名胜及人文景观发展观光旅游业。要通过完善基础设施建设，加强服务，减轻企业负担等措施，吸引乡镇企业进镇。要鼓励农村新办企业向镇区集中。要抓住国有企业战略改组的机遇，吸引技术、人才和相关产业向小城镇转移。鼓励大中城市的工商企业到小城镇产品开发、商业连锁、物资配送、旧货调剂、农副产品批发等经营活动。鼓励商业保险机构拓宽服务范围，到小城镇开展各类商业保险业务。

3. 充分运用市场机制搞好小城镇建设

小城镇建设资金紧缺，能否启动民间投资尤其是引导农民成为投资建设的主体成为小城镇建设的关键。运用市场机制，把政府建镇和农民进镇的愿望结合起来，发掘小城镇建设事业中的经济因素，形成前景广阔的产业，走出了一条政府不负债、企业不摊派、农民不集资的小城镇建设路子。

优化环境，吸引农民进镇投资，增加农民投资机会。集镇开发以土地引资，以房地产预售引资，变“未来的钱”为“现实的钱”，并且以房带路，以路兴商，实现“造房子、造景点、造环境、造商机、造效益”的有机结合。租、卖、抵基础设施建设项目经营权，变“死钱”为“活钱”。经营授权建设基础设施拟建项目，以政府引导性投资的“小钱”引“大钱”，办成更多的大事、实事、好事。拍卖建筑物冠名权、广告经营权，化“虚名”为“实惠”。对于大量政府想办不能办的事，实行政府规划，民间出钱，通过大户独资、联户合资、股份制等形式筹资建设。

要制定相应的优惠政策，吸引企业、个人或外商以多种方式与小城镇基础设施的投资、建设和经营，多渠道投资小城镇教育、文化、卫生等公用事业走出一条在政府引导下主要依靠社会资金建设小城镇的路子。对有收益的基础设施，可合理确定服务价格，实行有偿使用。鼓励相邻的小城镇共建、共享某些基础设施、提高投资效益。

金融机构要拓宽服务领域，积极参与小城镇和支持小城镇建设。国有商业银行要采取多种形式，增加对小城镇建设的贷款数额，逐步开展对有稳定收入的进镇农民在购房、购车和其他消费方面的信贷业务。

为促进小城镇健康发展，国家应在农村电网改造、公路、广播电视、通信等基础设施建设方面给予支持。地方各级政府要根据自身财力状况，重点支持小城镇镇区道路、供排水、环境整治、信息网络等公用设施和公益事业建设。要严格建设项目审批程序，严禁以小城镇建设为名，铺张浪费，大搞楼堂馆所。

4. 小城镇的发展必须选择重点，构造各具特色的城镇化体系

小城镇的发展要按照规模有序、布局科学、分工合理、功能完善、协调发展的要求，立足当前，着眼长远，合理定位，形成以中心城市为核心，以县城为基础，以小城镇为依托，层次分明，功能互补的城镇体系。以市场为参照系数进行区域性村镇规划，根据市场需要，宜大则大，宜小则小，有的可能发展成小城市，有的则成为中心镇。尤其要防止各自为阵，遍地开花。切忌

简单地凭主观臆想定位，更不能搞花架子，盲目造新城。在建设过程中，要充分地利用本地资源，尤其是要充分挖掘人文和旅游资源，突出区域性、优势性的特点，凸显各自的风格和特色。从目前发展得较好的一些小城镇来看，大多具有本地产业特色，或者是依托本地的产业发展而勃兴的小城镇。地方产业就是小城镇的生命力。按照产业的特点来看，当前的小城镇大致有以下几个类型：

农业发展型。这是农村城镇化的一条主要途径。典型的例子是河南省的南街村。该村紧紧围绕着农字做文章，从农产品深加工入手，在发展以方便面为主导产品的乡镇企业的同时，以工促农，以农促工，不仅解决了本村的农产品市场出路问题，还解决了周边地区的农产品出路，并通过深加工，达到了农业的高效。这是一条符合农村经济发展实际的道路，企业发展了，1999 年的总产值就达到 18 亿元；农民致富了，全村都享受了 18 项免费的福利，并吸收了相当于本村人口 10 倍的外来劳动力，在村内形成了小社区，初具了小城镇的规模。

商贸发展型。东部地区的很多小城镇，原来就是农村的集市，随着经济发展，集市功能得到加强，从而吸收外地人口，成为小城镇。如浙江温州的桥头镇，是一个以纽扣市场为纽带形成的小城镇。

工业发展型。这也是我国农村小城镇发展较为普遍的类型。如江苏的华西村，就是通过大力发展村级工业，充分利用靠近上海的优势，为大城市服务，把村级经济发展成一个以工业为主、以工建农的集团企业，从而促进了整个村级经济的发展，在村内形成了小社区。福建、山东等沿海地区的很多小城镇，都是通过这样的办法建立起来的。

外贸推动型。这是沿海对外开放程度较高地区较为普遍的方式。如宁波市象山县的龙头型强镇—— 爵溪镇，在一个三面环山、一面靠海的小渔村里，发展成了一个家家户户搞纺织的专业村，并利用扩大外贸的机遇，把这个专业村发展成为一个经济强镇。该镇所有的企业都是农民建起来的，产品外销率很高。奉化市的腾头村，也是依靠制作皮衣等外贸产品，发展成了一个示范村。

外资推动型。和外贸推动型不同，广东东莞市广大的小城镇、江苏吴县的直镇，则是通过利用外资发展起来的。东莞利用了深港优势，直镇利用了处于上海市边缘的地理优势，把这些地理优势转化为级差地租，在区域内建成了外商投资的开发区，筑巢引凤，用外资建成了一批企业，形成了小城镇。

移民发展型。这种类型与外资推动型小城镇唯一不同的是，一个是外商，一个是内资。最典型的是温州市苍南县的龙港镇。温州农民富起来后，要求有一个更好的环境发展自己。在政府的支持下，他们利用自己的财力，在一个几乎没有什么人烟（十几户）的地方建起了中国第一个农民城。

强村扩展型。烟台龙口市南山村的发展，给我们提供了最好的例子。他们从一个50户的小生产队开始，在发展经济的过程中，先并掉整个村，再逐步发展，兼并了附近的7个村，从而使该村超过了当地其他城镇。

科技带动型。西安市的杨凌是我国唯一的国家级农业高新技术产业示范园区，全国首屈一指的农业科技城。

这八种类型的小城镇发展路子不尽相同，但都是从小到大，从最基本的原始积累，通过为大城市服务、为农业深加工服务、为出口服务、为人民生活服务等，开拓了各类市场，并在市场的基础上发展起小城镇。

5. 大力发展小城镇的教育与科技，以现代化文化科学技术促进小城镇的繁荣

发展小城镇，克服“一手软一手硬”的倾向，做到“洗脚”又“换脑”，让进镇农民变成现代市民。城镇化不单单是城镇人口的增加，更重要的是人口素质的提高。造现代城，贵在塑造现代人。否则，城市壳里住着农村人，呈现“走过一村又一村，村村像城镇”，“走过一镇又一镇，镇镇是农村”的不协调景象。对此，要充分利用小城镇的有利条件，大力发展教育与科技事业，以现代化的科学技术促进小城镇的繁荣，以精神文明建设促进进城农民的素质提高。同时，要对进入城镇的农民进行技能的培训，教会他们新的创业的本领。重点是职业技能培训，政策、法律法规知识培训和安全常识和公民道德培训，提高农民工的素

质和就业能力。在继续鼓励劳动力输入地政府和用工企业开展定向培训的同时，要充分利用现有教育、培训资源，特别是城镇在职、退休的各种专门人才，开展多渠道、多形式的培训。允许农民工参加有关部门组织的职业技能鉴定，鉴定合格的，可以获得统一有效的职业资格证书。

6. 小城镇建设要念好“生态经”

城镇化建设要切实抓好生态环保。

各级领导干部尤其是乡镇领导要牢固树立“建设生态小城镇”的长远发展目标，把生态保护与生态建设作为小城镇建设的指导思想。充分利用电视、报纸等媒体和举办形式多样的大规模活动，积极引导，提高群众的生态意识，让“保护生态环境，开拓绿色文明”深入人心，形成全社会理解、关心、支持和参与生态小城镇建设的良好氛围。

要将生态保护与建设作为小城镇建设的根本和切入点，强化小城镇生态规划、建设与管理。生态保护与建设是建设生态型小城镇的核心内容。因此，应将生态保护与建设贯穿于整个小城镇规划、建设和管理的始终。坚持生态规划生态建设并重，实现生态规划与建设规划的有机结合，确保小城镇生态建设与管理同步运作。

要调整小城镇产业结构与生产方式，保护小城镇生态环境。以发展生态型产业经济为主导，积极调整与生态环境保护相对立的“高消耗、高污染”的传统产业，改进“耗资源、高污染、污染重”的落后技术工艺，避免因产业结构不合理与技术工艺落后所带来的环境污染和生态破坏，使经济发展和环境保护有机结合，从根本上解决城镇生态环境问题。

要在全社会积极倡导生态文化。在大力提高广大人民群众环保意识的同时，积极引导其参与小城镇生态建设，掀起全民参与的热潮。

第四章

体制改革：农村发展的推动力

从党的十七届三中全会通过的《中共中央关于推进农村改革发展若干重大问题的决定》可以看出，改革是建设社会主义新农村的不竭动力。农业发展的动力、农民的积极性来源于改革，农民增收和农村社会事业的发展得益于改革。如果说，农村的改革最初是从土地制度改革发轫，新一轮的农村改革则要围绕建设社会主义新农村这个重要任务，从经济社会等诸方面全方位展开。深化农村改革的实质，是贯彻落实科学发展观的要求，通过调整工农关系、城乡关系和国家与农民关系，实现好、发展好农民的物质利益和民主权利，使农民享受到应有的公民权利，获得平等的发展机会，公平地参与分享现代化成果。

一、全面推进农村综合改革

从 2006 年开始，农村税费改革将进入新的阶段，改革重点将转向以乡镇机构、农村义务教育和县乡财政体制等为主要内容的综合配套改革。全面推进农村综合改革，要围绕进一步解放和发展农村生产力这条主线，坚持以人为本，贯彻落实科学发展观，建立精干高效的基层行政管理体制和覆盖城乡的公共财政制度，促进农村经济社会全面进步，推进全面建设小康社会和构建社会主义和谐社会。

1. 巩固农村税费改革成果

进入 21 世纪以来，农村税费改革取得了重要的阶段性成效，极大地调动了广大农民的积极性，进一步解放和发展了农村生产力，农业基础得到加强，农民负担明显减轻，农村干群关系出现积极变化。农村税费改革得以顺利进行，关键是在改革过程中，始终坚持把减轻农民负担作为改革的首要目标，把维护农民的物质利益和民主权利作为基本出发点；始终坚持尊重实践、尊重群众、从实际出发、与时俱进地不断完善改革政策；始终坚持加强领导，依靠地方和基层有关部门协调配合；始终坚持处理好改革发展稳定的关系，兼顾到各方面利益和对改革的承受能力。

但是我们必须清醒地看到，当前农村税费改革的成效还只是初步的和阶段性的。取消农业税后，不仅农村原有的某些深层次矛盾开始凸显，而且陆续出现了一些新情况和新问题，需要积极面对、妥善处理。因此，取消农业税并不等于完成了农村税费改革。只有下决心进一步深化改革，搞好农村综合改革，才能巩固和发展农村税费改革来之不易的成果，才能建立防止农民负担反弹的长效机制，才能保证农村经济社会稳定发展。也就是说，农村税费改革成果，必须通过农村综合改革予以巩固。

巩固农村税费改革成果，要与建立精干高效的基层行政管理体制和覆盖城乡的公共财政制度相配套。乡镇机构和村级组织要适应无税时代，行政理念由“管、收、批”向“扶、帮、助”转变。要以群众是否需要和需要什么作为乡镇的职责，从过去“管、收、批”的干预型越位政府转变为“扶、帮、助”的服务型补位政府，把以行政推动为主的工作模式转到以服务为中心的轨道上来。要探索施政新路，通过精简机构，转变职能，减少财政供养人员，大力压缩开支，确保正常运转。要认真研究、科学确定新形势下乡镇政府的职能和任务，加快乡镇政府职能转变，加强乡镇政府社会管理和公共服务功能。

巩固农村税费改革成果，要与农村义务教育体制改革相配套。要完善农村义务教育体制，加快实施农村义务教育管理体制改革。要强化县级政府对本地区农村义务教育工作的统筹管理，进一步做好学校布局的合理调整，统筹配备县域内城乡中小学校教职工。调整和优化政府教育支出结构，切实贯彻中央关于新增教育投入主要用于农村的要求，确保农村中小学教职工工资按国家规定标准及时足额发放，确保学校公用经费的正常需要，确保危房改造资金的必要投入。加强农村教育经费、财产管理，提高资金使用效益。

巩固农村税费改革成果，要积极推进县乡财政管理体制改革。继续调整和完善县、乡财政体制，在合理划分事权的基础上，按照“财力下移、缺口上移”的要求，加大对基层改革转移支付力度，建立健全确保乡镇政权正常运行和村级组织正常运转经费的保障机制。积极稳妥地推行“乡财县管乡用”等管理方式。要进一步明确县乡财政职能和支出范围，优化支出结构，从而促进农村经济的健康发展和农民生活水平的提高。

2. 加快推进以乡镇机构为主的行政体制改革

乡镇机构改革，是巩固税费改革成果的关键之举。农村税费的减免，既减少了一大批下村催粮要款的人员，也减少了乡镇运作的经费，在农村工作的乡镇干部怎么办？农民面对的不再是向他们伸手要粮要款的干部，而是俯首为他们服务的“孺子牛”。而推进乡镇机构改革，不仅要在精简机构、缩减编制和分流人员上下功夫，更重要的是转变职能。乡镇职能应当尽可能减少直接跑项目、办企业、搞经营，而应当更多地转到制定发展规划、搞好基础建设、改善投资环境等方面上来。

一是探索新的行政管理体制，整合资源，重组机构。农村家庭联产承包责任制实施以来，尤其是农村税费改革后，农村工作形势发生了质的变化，保持农村社会稳定，促进农业经济发展，为农民致富提供有效服务，成为新形势下农业和农村工作的主题。乡镇改革，要在不违背国家有关政策的前提下，以稳定为前提，以发展为目标，以服务为根本而实施。彻底打破原有的机构设置模式，整合人力资源，重组机构设置。如江苏有一个县，将原来的三办（党委办、政府办、财源办）、五中心（农业综合服务中心、农村经济管理中心、文化广播服务中心、计划生育服务中心、乡镇企业管理服务中心）全部取消，设立了平安办、经济办和服务办三个办公室。不言而喻，平安办抓稳定，经济办抓发展，服务办抓服务。完全改变了过去乡镇机构在传统计划经济体制下形成的政党政治与政府政治互相交叉，国家政权与农民自治互相渗透，“条条”垂直管理与“块块”统一领导互相分割，“事权”与“财权”互相脱节等冗杂设置，线条清晰明快。

二是按照统筹城乡、区域发展的要求，重新划分乡镇政府和县级以上政府的事权。以往，乡镇政府承担了许多本该由上级政府承担的事权，例如，向农村社会提供社会公共物品，本来有相当部分应由县级以上政府承担，结果大部分落到乡镇政府头上，让乡镇政府如牛负重。实施乡镇改革，就要将这类事权收归县级和县级以上政府机构，以强化县级政府规划和指导县域经济发展的职能，加大城市地区对农村地区经济社会发展的支持力度，同时为正确确定乡镇政府职能创造条件。

实际上，正确界定和规范乡镇政府的职能，也是推进乡镇体制改革的重要前提。现阶段我国乡镇经济社会发展水平很不平衡，对乡镇政权职能的规范不应“一刀切”，而应分类指导，逐步推进；不应一成不变，而应因地制宜、因时制宜。但是，不管是在经济社会发展水平比较高的地方，还是在大多数欠发达的落后乡镇，首先都必须矫正不适当的政府行为，绝不能允许以推动发展的名义侵犯、损害、剥夺农民利益。要按照党的十六届四中全会的要求，深化行政体制改革，真正实现政企分开、政资分开、政事分开，主要运用经济和法律手段管理经济活动，集中精力抓好经济调节、市场监管、社会管理和公共服务。只有按照这个要求恰当确定和规范乡镇政府职能，才能在县级政府的领导下，正确而有效地发挥乡镇政府的职能作用，推动农村经济社会快速、健康发展。

三是积极探索机关和事业单位社会保障制度改革，努力建立健全社会统一的社会保障制度，为乡镇机构改革中的人员分流提供必要的社会保障。我国现阶段国家机关和事业单位工作人员的“生老病死”基本上由国家包下来，机关事业单位成为我国“社会保障”最全面、最完备的系统，因而不仅使机关事业单位形成了对社会各方面人才最强大的吸引力，也使机关事业单位成为人才流动最困难的机构。正如国有企业深化改革必须以建立职工社会保障制度为前提一样，真正要形成机构改革中人员分流的体制条件，也应当加快机关和事业单位的社会保障制度改革，建立起全社会统一的社会保障制度，消除机关事业单位的保障和社会保障的差别，从而为乡镇乃至所有层级的机关事业单位的改革中加快人员分流创造条件。从现阶段乡镇机构改革的迫切性来看，可以考虑优先进行乡镇机关事业单位的社会保障制度改革的试点，为乡镇机构改革，也为机关和事业单位社会保障制度改革的全面推进积累经验。

四是在继续推进撤并乡镇的工作中，推广乡镇党政领导干部交叉任职的经验，以有效减少乡镇机构和人员的数量。现阶段许多地方在乡镇干部制度改革方面创造了许多有价值的经验。2003年年初，湖北省咸宁市咸安区进行了乡镇党政干部交叉任职的改革试验。具体做法是：乡镇党委书记兼任镇长、一名副书记兼任常务副镇长、一名副书记兼任人大主席团主席和纪委书记，另有5名委员中有3名兼任副镇长；乡镇机构合并为4个办公室：党政综合办公室、经济发展办公室、社会发展办公室、财政税务办公室，交叉任职使咸宁区乡镇干部减少了62%。这一改革形成了精简机构和人员的重大突破，具有一定的治本意义，与实际需要也是一致的，而且从探索体制改革方向和途径的角度看，具有更广泛的启发意义，值得借鉴。

3. 加快推进县乡财政体制改革

改革开放以来，特别是实施分税制财政体制以后，我国县乡财政收支规模在不断扩大，县乡财政运行普遍较为困难，特别是中西部地区县乡财政运行则更为困难。特别是取消农业税之后，许多地区的县乡财政运行更加困难，尤其是那些以农业为主的县乡财政恐怕有“寸步难行”之慨。因此，改革县乡财政管理体制，重造其“造血”功能，也是建设社会主义新农村必须进行的一项重大改革。

①进一步完善省级以下财政体制，提高县乡财政的自我保障能力。要规范财政转移支付制度，完善中央对地方缓解县乡财政困难的奖补办法。要改革县乡财政的管理方式，具备条件的地方，可以推进“省直管县”和“乡财县管乡用”的改革试点。此外，要按照公共财政的原则，进一步调整财政支出结构，增加公共产品和服务的支出比重。在取消农业税后，必须确保财政困难县工资的及时足额发放和基层政权的正常运转。

②进一步调整财政支出结构，逐步把不应该由农民负担的公共支出列入财政支出范围，不断增加财政对农村基础设施建设和社会事业发展的投入。

③建立规范的财政转移支付制度，加大对农村基层的财政支持和转移支付力度。

④适当调整县乡的事权，赋予其必要的财权。根据农业税取消后相当一部分县乡失去主体税种的实际情况，按照事权与财权统一的原则，适当调整县乡的事权，赋予其必要的财权，提高县乡财政的自我保障能力。

⑤创新县乡财政体制。有条件的地方，可加快实行财政“省直管县”、“乡财县管乡用”和“以奖代补”等体制和办法。

二、深化农村金融体制改革

农村金融体制改革是整个金融体制改革的一个重要组成部

分。《中共中央关于推进农村改革发展若干重大问题的决定》提出要“创新农村金融体制，放宽农村金融准入政策，加快建立商业性金融、合作性金融、政策性金融相结合，资本充足、功能健全、服务完善、运行安全的农村金融体系”。改革是农村金融发展的必由之路，改革也是让现行的农村金融体制跟上市场经济体制的步伐，早些与国际接轨的必由之路。随着1996年《国务院关于农村金融体制改革的决定》的颁布，我国农村初步形成了以合作金融为基础，商业金融、政策性金融分工协作的农村正规金融体系。但是近几年来，随着国有商业银行的战略调整、农业发展银行职能由综合业务向单一粮食收购贷款的转变，以及农村信用社体制改革难以真正突破，农村金融体系的整体功能削弱，农村金融体制已难以适应农业和农村经济发展的需要，农村金融体制改革势在必行。

1. 当前农村金融改革的着力点

当前农村金融改革的着力点要落实在以下几个方面：

第一，分清财政与金融的职能，增加财政的投入，降低农民的负担。

第二，在农村金融机构建立良好的治理结构、激励机制，其中最主要的是通过借鉴国际上一系列行之有效的做法，让农村金融机构员工和客户都得到良好有效的激励；应明确农村信用社的产权，改善其治理结构，并赋予其经营自主权。

第三，开放农村金融市场，制定准入标准和程序，创造一个各金融机构公平竞争的环境。

第四，利率市场化，这是农村金融机构商业化可持续发展的前提。

第五，加快农村土地制度的改革，建立农业保险、大宗农产品期货和信用登记系统，降低农村金融机构的贷款风险。

第六，建立有效的多层次监管框架，对不同风险的农村金融机构采取不同的监管方式。

第七，加快建立农村金融机构存款保险制度，增强对农村金融机构经营的市场约束。

第八，用市场化的手段引导农村资金服务“三农”。

第九，建立开放的商业化农村金融扶贫体系，动员社会资金参与扶贫。

上述九个方面，涉及具体的农村金融机构，各有改革的侧重点。

2. 发挥农发行在支农中的主导作用

适当扩大农发行的业务范围。在现有业务范围的基础上，增加农业和农村经济发展的中长期贷款。围绕改善农业生产条件，提高农业综合生产能力，支持农业综合开发、农业基础设施建设和法人扶贫等开发性贷款业务，充分发挥农业政策性金融支农的引领和导向作用。

扩大农发行的资金来源渠道。按农发行收购、储备、调销贷款已经形成的资金占用，合理确定人民银行对农发行的再贷款规模。以国家信用为基础，发行金融债券，或直接利用国债资金。合理利用商业性金融机构和邮政储蓄的转存款。及时补充农发行的资本金，并建立有效的资本金补充机制，既增加农发行的资金来源，降低筹资成本，又提高农发行抵御风险的能力。

按商业化管理的要求，完善农发行的经营机制。农发行在金融资源配置宏观指向毫不含糊地坚持政策性、体现政府意图的同时，在微观层次的经营管理上，坚持市场原理和银行原则，按商业化管理要求，完善经营机制，加强经营管理。要完善指标考核体系，把资产质量、经营绩效作为重要考核对象，建立有效激励机制。根据农发行贷款对象特点，从实际出发，建立切实可行的风险防范机制，确保贷款放得出、管得住、收得回。建立有效的财务管理机制，以收定支，根据经营绩效确定开支数量。深化收入分配制度改革，实现绩效挂钩；深化干部人事制度改革，把坚持党管干部的原则和扩大干部管理中的民主结合起来，实行干部竞聘制和任期制，对劳动用工实行合同制。

要完善配套措施，营造良好的外部环境。建立合理的利益补偿机制，财政部门应根据农发行承担的政策性业务规模，给予相应补贴。对农发行经营的政策性金融业务，应减免所得税和营业税，用以补充农发行的资本金。妥善处理农发行的不良资产。各级政府和有关部门，应抓紧清理粮食财务挂账和棉花政策性挂账，分清性质，落实消化责任，采取有效措施，通过多种方式处置不良资产。

3. 发挥农村信用社在支农中的主体作用

明确农村信用社的市场定位。农村信用社是农村金融市场中的主力军，是区域性金融机构，应坚持为“三农”服务的经营方向，其业务活动只限于所在县（市）地域范围之内，硬性规定其资金来源的一定比例只能用于支持“三农”。

完善农村信用社的治理机制。农村信用社能否真正成为自主经营、自我约束、自我发展和自担风险的市场主体，真正成为服务“三农”的地方性金融企业，建立合理、科学、有效的公司治理机制是关键。完善股权设置，要结合实际，合理确定入股起点；鼓励社会资金参与农村信用社重组改造；规范入股行为，确保入股资本金的真实性和有效性。按照现代企业制度的要求，重视农村信用社公司治理制度的创新，积极探索符合实际的、切实可行的公司治理机制。加强内控制度建设，以产权制度改革为契机，不断完善农村信用社的内控机制，建立奖励有效、约束严格、权责明晰、奖罚分明的内控制度。

强化对农村信用社的政策扶持和监督管理。继续对农村信用社在所得税和营业税等方面给予一定优惠，有条件的省级人民政府应加大对农村信用社的政策扶持力度。按照“国家宏观调控，省级政府依法管理，信用社自我约束、自担风险”的总体要求，有关部门应切实履行监管职责，进一步加强对农村信用社的监管，对风险较高的农村信用社及时采取有力措施，对严重资不抵债、经营混乱的农村信用社强行撤并。

4. 发挥农业银行等商业性金融机构支农的积极作用

农业和农村经济发展的多样性和多层次性，客观上需要商业性的金融服务。商业性金融在农村金融市场中存在一定的市场空间。而且随着农业和农村经济的不断发展，商业性金融在农村金融市场中的空间会越来越大。

农业银行作为国有商业银行，应朝着真正的商业银行方向改革和发展。由于农业银行是由专门为农业服务的国有专业银行演变而来，与其他国有商业银行相比，其业务相对较多地分布在农村领域。在确保农业银行作为真正商业银行性质的前提下，从构建分工合理的农村金融服务体系出发，根据农业银行的商业性金融的特点明确其相应的支农定位。作为商业银行性质的农业银行在服务“三农”方面，主要为商业化程度高、资金需求量大的中高层次农村经济主体提供金融服务。为此，必须坚持商业性金融和政策性金融区隔的原则，妥善处置目前仍由农业银行承担的农村扶贫贷款等政策性业务。

建立有效机制，引导社会资金回流农村。可借鉴有些国家的做法，要求所有银行类金融机构人民币存款增量的一定比例，或直接用于农业信贷，或转存农村金融机构。

5. 完善邮政储蓄银行的功能

降低邮政储蓄在人民银行的转存款利率，逐步消化邮政储蓄在中央银行的老转存款存量。同时按市场化的原则，引导邮政储蓄资金回流农村。要求邮政储蓄部门按一定比例，把吸收的农村储蓄以批发的方式委托农村金融机构代为发放贷款，或通过协议存款的方式存放农村金融机构，或购买农村金融债券。

6. 推进农村保险建设

为满足农业和农村经济发展对农村保险的需要，降低农业生产和经营风险，保护和支持农业，应尽快建立多层次多渠道支持、多主体经营的农业保险体系。

应制定农业保险发展规划，研究设计制定政策性农村保险的种植业和养殖业的具体险种及风险防范措施。加快研究设立农业保险基金的可行性和具体方案。构建多种形式和多种渠道的农村保险组织体系。发展互助合作保险组织，支持国内商业性保险公司和国外保险机构进入农村保险市场。充分调动地方政府的积极性，适当批设一些地方性农业保险公司。鼓励保险公司加大农业保险产品创新力度，积极开发适合农村和农民需要的保险产品。研究制定农业保险的扶持政策，在资金、税收和再保险等方面给予一定的优惠政策。加快农业保险法制建设，尽快制定专门的农业保险法律法规，规范农业保险的经营行为，促进农业保险事业健康发展。

三、深化农村流通体制改革

农村流通市场体制改革主要达到两个目标：一是畅通农产品流通渠道，二是畅通农村劳动力流通渠道。农村流通体制改革，也就是在疏通这两条流通渠道上下工夫。

1. 深化粮食流通体制改革

深化粮食流通体制改革，是全面搞活农产品流通，健全农产品市场体系的关键环节。改革开放 30 年来，我国农产品流通的改革取得了重大进展，特别是粮食产品已经完全放开市场、放开价格。

深化粮食流通改革，在指导思想上，一要保护农民利益，二要保证粮食安全，三要减轻农民负担。根本出路还是放开搞活。在粮食主销区实行粮食购销市场化改革的基础上，粮食主产区也要积极稳妥地放开粮食收购，在国家宏观调控下，实现粮食流通市场化。同时，要对粮食主产区农民实行重点保护，调整粮食补贴的范围和方式。为此，必须加快国有粮食购销企业改革，转移经营机制，不能再吃国家大锅饭。必须加强政府宏观调控，建立有效的吞吐调节机制，灵活运用进出口和国家储备等手段，稳定市场和价格。全面放开粮食购销，必须打破地方封锁，用市场经济的办法搞好粮食产销区的衔接。

总之，要加快国有粮食购销企业改革步伐，注重发挥国有及国有控股粮食企业的主渠道作用。要完善粮食市场监管机制，维护粮食流通正常秩序。要加强粮食宏观调控，确保粮食市场价格稳定。

2. 积极开拓农村市场

要积极开拓农村市场，完善农产品市场体系。加快农村市场体系建设，是促进农村经济持续稳定发展的重大举措。目前农村的市场体系还很不健全，农产品和农业生产资源产销之间的联系不够通畅，流通环节多，中间流失大，生产者和消费者得到的好处少，市场调节能力差，时常出现某些农产品积压和短缺并存的现象。有的地方，为了局部利益，随意封锁市场，引起某些农产品的购销大战，造成市场很不稳定，使农民无所适从。解决这些问题，需要进一步改革农产品和农业生产资源的流通体制，加快市场体系的建设，加快供销社会体制改革。目前，我国农产品市场还处在发育和形成阶段，要根据各类农产品的不同特点和供求状况，采取相应的方式和步骤，继续深化农产品流通体制改革，逐步建立起适应社会主义市场经济要求和我国国情的农产品市场体系，发挥市场机制在农业资源配置中的基础性作用。总之，要通过深化改革，逐步形成国家宏观调控下主要由市场形成价格的新机制，建立统一、开放、竞争、有序的农产品市场体系。

3. 加大农村劳动力市场的培育

农村劳动力的流动，在当前尚处于一种无序状态。农民进城务工，除了少数由地方政府组织外，多数是亲带亲，熟带熟，其中也有一部分是盲目流动，因此其中有许多农民在城里找不到工作，甚至在无可奈何的情况下，铤而走险，走上犯罪的道路。因此，随着农民向非农民转化速度加快，农民在城镇就业率逐年增加的趋势，应该加大农村劳动力市场的培育，着力构建统一的城乡劳动力市场，为外出务工人员提供优质高效的服务，促进农村劳动力有序地流动。

①积极培育市场载体。要大力发展多种类型、多种所有制性质的职业中介机构，充分发挥他们在提供务工信息和就业服务等方面的作用，构建信息畅通、反应灵敏、充满活力的劳动力市场。进一步加强公共职业中介机构建设，扩大服务领域。放手发展民办职业中介机构，简化手续，减少环节，减免收费，撤除不合理的门槛。鼓励在外打工时间长、有一定经济实力、社会活动能力强的人员开办中介业务。积极发展和规范境外劳务中介组织，鼓励各类有条件的经济组织到境外投资举办企业，带动农村劳动力走出国门，拓展海外劳务市场。

②加强信息网络建设。实施劳动力市场信息网络“镇镇通”工程，把信息网延伸到街道、社区和乡镇，实现省、市、县、乡联网，为用人单位和劳动者提供及时有效的信息服务。

③拓展公共就业服务范围。把进城就业农民纳入公共就业服务体系，按照规定，落实对进城就业农民的免费服务政策。城市各级公共职业介绍机构要免费向农民开放，积极为进城就业农民免费提供就业信息和政策咨询，对求职登记的农村劳动力要免费提供职业指导和职业介绍服务。积极探索并加快建立城乡统一的就业、失业登记制度，对符合条件的农民进行免费登记。

④抓好职业技能培训工作，增强劳动力的就业竞争能力。要提高培训的针对性，瞄准用人单位需求，大力开展订单培训。鼓励企业和社会各个方面充分利用多种教育资源开办面向农民的培训学校，加强对农民进行岗前培训、上岗培训，尤其是在岗培训和转岗培训，不断提高他们的“创业、创优、创新”能力。在发挥现有教育培训资源作用的基础上，要改造和完善一批教育培训机构，建设一批农村劳动力培训示范基地，形成一批优势专业和特色工种，创立一批劳务培训和输出品牌。

⑤进一步密切区域劳务协作，提高劳务输出的组织化程度。农村劳动力市场要建立健全促进劳务协作的机制，进一步加强输出地与输入地的对接，发展多层次的协作，重点是引导和促进用人单位、培训机构、服务组织之间的对接。积极推进市场化运作。鼓励职业介绍机构联合农村职业培训基地，组建农村劳务输出联合体，实行用工信息、职业介绍、职业指导、职业培训和劳务输出的一体化服务，加快劳务输出的产业化进程，实现劳务输出的市场化运作、规模化经营和一体化服务。

⑥切实维护合法权益，改善进城农民的就业环境。贯彻落实有关法律法规，提高劳动合同签订率，规范用人单位工资支付行为，保障劳动者按时足额领取劳动报酬的权利。加强行政执法监察力度。对侵害进城就业农民合法权益的问题，要认真查处。要集中力量抓好拖欠克扣工资、随意加班加点、劳动保护措施不到位等进城农民反映强烈、社会影响恶劣问题的专项治理。完善劳动争议处理机制，认真处理涉及进城就业农民的劳动争议案件，加快案件调解、仲裁速度，妥善化解劳务纠纷，切实保障进城就业农民的合法权益。劳动保障、财政、物价、工商、税务、公安等部门，要加强协作，密切配合，定期开展劳动力市场大检查，严厉打击各种违法犯罪活动，为农村劳动力市场的健康发展创造一个良好的社会空间。

四、大力发展农村公共事业

具体说来，农村纯公共产品包括农村基层政府行政服务、农村综合发展规划、农村信息系统、农村义务教育、农村基础科学研究、大江大河治理、农村环境保护等。农村准公共产品包括农村公共卫生、农村社会保障、农村水利设施、农村电视、电信、自来水、农村道路建设等。我国农村公共产品短缺问题的解决是一个长期的过程，要对现行的农村公共产品供给体制进行改革和完善，逐步建立与中国全面建设小康社会和工农业和谐发展相适应、以城乡公平和谐发展为目标的新型农村公共产品供给体制。

1. 加大财政转移支付的力度，使基层政府财权和事权相统一

明确各级政府的职责，全国性公共产品如计划生育、环境保护、大江大河治理、义务教育、农业基础科学研究等由中央政府提供财政支出，有些跨地区的公共基础设施建设可以地方政府承担为主，中央政府给予一定的财政补助，并做好地区之间的协调工作。同时要按照事权和财权一致的原则，赋予地方政府一定的财权，完善分税制，使农村公共产品的供给在制度上有一定的财政来源保障。改革基层政府的管理体制。乡镇作为我国政权的末梢，要使其成为县级政权的派出机构，增强乡镇政府的经济和社会服务功能，弱化其行政职能，从体制上保证基层政府不会挤占挪用公共产品的供给资金。健全农村公共产品供给制度，合理划分中央和地方支出责任和支出范围，特别是县、乡、村三级财权与事权要相统一，从制度上保证公共产品供给资金的落实。真正贯彻执行《中华人民共和国村民委员会组织法》，加快制定《中华人民共和国村民委员会自治法》，实行村民自治，提高农民组织化程度，使农民有组织地参与管理国家和社会事务。从立法的角度保证农村公共产品的供给的需求得到实现。只有从制度上、法律上给农民以应有的权利，才能杜绝基层政权侵害农民利益，保障农村公共产品的有效供给和合理使用。

2. 加大财政支农的力度，保证农村地区的可持续发展

在城乡差别越来越大的情况下，国家要本着公平的原则，对贫困地区通过转移支付的形式对农村地方性公共产品包括农业基础设施建设、卫生防疫、义务教育、环境保护等的供给予以支持。拓宽农村公共产品的供给渠道。在目前基层政府财力不足的情况下，政府无法投资兴建大量公共产品，因此我们要积极探索农村公共产品供给制度的创新。可以借鉴城市基础设施建设的经验，在明晰产权的前提下，积极引进民间资金和外资，构建多元化的公共产品供给渠道，这样既可增加农村公共产品的供给，又可减轻基层政府的负担。具体来说，就是那些投入成本不高、可以利用收费来进行排他的准公共产品，按照谁建设，谁收费，谁受益，谁付费的原则，通过市场机制来收回投资，并允许有一定的回报，政府只是予以监管和指导。此外，作为配套措施，粮食流通体制改革、农村社会保障体制改革、户籍制度改革、政府机构改革等也必须得到相应的推进，这样才能从根本上改变农村的社会和经济发展大环境，理顺农村公共产品供给的渠道。

3. 完善农村公共产品供给的决策机制

要尽快建立由农村内部社区需求决定公共产品供给的机制，也就是说，建立“自下而上”的农村公共产品决策程序。不是根据决策者的想当然来确实农村的公共产品供给，而是要广泛接

纳民意，根据农民的真实需求，确定农村公共产品供给计划。这就需要完善农村社区民主建设，把公共产品供给的决策交由民主表决。要做到，对重大投资决策做到一事一议。加大对农村公共资源使用的监督和检查力度，增加资源使用的透明度，坚决杜绝权力腐败行为，将公共资源的使用置于严格的社会监督之下。

4. 着力解决农村“读书难”和“看病难”

在解决农村“读书难”问题上，要做好以下几方面的工作：

一是义务教育城乡统筹兼顾。中国农村教育面临的最主要困难是教育负担不公平。城市推行九年义务教育，教育费用基本上由政府承担，而农村的九年义务教育，费用绝大部分由农民自己承担。据国务院发展研究中心《县乡财政与农民负担》课题组的调查结果显示，目前我国农村义务教育的投入实际上主要还是由农民们自己负担的，在全部投入中，乡镇一级的负担竟高达78%左右，县财政负担约9%，省地负担约11%，中央财政只负担了2%。因此，必须逐步取消城乡分割的教育投入机制，中央和省级财政要加大对县级、尤其是贫困地区转移支付力度，逐步压缩高等教育经费所占的比例，教育投入逐步向义务教育倾斜。同时，应逐步调整义务教育负担的比例，应由县级统筹为主逐步转向省和中央统筹为主。

二是加强农村师资队伍建设 。我国有800万农村教师，承担着6600万农村中小学生的教育，肩负着普及九年义务教育并将我国沉重的人口负担转变为高素质人力资源的神圣使命。关注800万农村教师的生存和生活，是确保农村教育发展的关键。农村教师队伍整体素质仍有待提高。相当部分农村教师教育观念陈旧，知识老化，方法落后，难以适应教育改革发展的需要；学历达标与能力达标存在较大落差，进一步提高农村教师实际教学能力，仍是一项艰巨的任务；农村教师中民转公教师多，代课教师多，层层拔高使用的多，教师整体水平难以保证。此外，由于待遇低、工资拖欠、专业教育程度低、师资来源复杂、管理松散等多方面原因，造成一些农村教师工作责任心、职业意识淡漠。义务教育经费工资部分应由中央统筹。粗略地估计和测算一下：农村义务教育支出中最重要的是教师工资。中国农村小学教师有380万人，如果中央政府能够保证其每月500元的收入，需要232亿元人民币。全国农村还有中学教师223万人，如果能够保证其每月800元的收入，总费用是214亿元人民币。两项加起来是446亿元人民币，占2002年全国财政总收入的2.3%。用中央财政来支付义务教育中最大的一笔教师费用，完全可行。

三是要调整农村九年义务教育内容。中央党校经济学教研部中国农村九年义务教育课题组认为，教育体制僵化，办学形式单一，农村基础教育脱离农村经济发展需要，缺乏与农村社会的血肉联系，这是当前农村教育问题的突出表现。在教育体制上，农村基础教育、职业教育、成人教育各成体系，实行条条管理，各自强化，没有充分利用农村中、小学已有的教育设施和相对雄厚的师资力量办职教和成教，而是另起炉灶，占用了有限的农村教育资源，制约了农村中、小学教育的发展。由于农村职教和成教的设施、经费和人员很难一步到位，造成农村职教、成教流于形式，收效甚微。在办学形式上，一是乡、村政府包揽办学，缺乏社会团体、其他社会组织及公民个人的积极参与，阻断了农村基础教育办学资源的源头之水；二是走升学教育之路，形成“小学—初中—高中—大学”的升学模式，专业技术教育和农村职业技术教育含量太低，造成一方面大量的无一技之长的初、高中毕业生待业，另一方面乡镇企业缺乏大量的初、中级技术人员、经营管理人员和有一定技术基础的工人的尴尬局面。在教育投入方式上，形式上强调政府投入为主，其他形式为辅，而事实是政府投入不到位，镇乡领导直接或间接鼓励学校通过各种形式的乱收费来补充教育经费的不足，使得学校校长在夹缝中生存——一方面要为学校的正常运转和发展筹集资金，另一方面又要随时准备为乱收费承担责任。中等职业学校普遍出现生存危机，农林中专更是难以为继，出现这种状况的原因是这些学校并不能为农村学生带来很好的就业出路。为此，课题组建议，农村教育的重点应放在提高农村人口的素质，培养适应三农多样化需求的人才上，而不是只有考大学一条路。

在解决农村“看病难”问题上，要采取以下几项举措：

一是应因地制宜，分地区、分阶段地实施不同的医疗保险制度。在东部沿海农村及城市郊区等生产力水平和农民生活水平提高较快的富裕地区，全面推进农村社会保障体系建设的条件已基本具备，应采取措施全面建立农村社会保障的各项制度及服务网络，医疗保障体制建设应纳入城乡一体化发展，农民的健康保障体制可以向城镇过渡，甚至结合。一些发达地区乡村出现了乡村劳动力的急剧分化和大规模的非农化、职工化现象，多数农民有较稳定的职业和住所，便于进行医疗保障制度的探索，以达到向农村延伸、缩小城乡差别的目的。这些地区可以模拟城镇社会保险的办法，或者自行设置社会保险项目和制定保险的办法，积极试点以社会统筹和家庭账户相结合的农民医疗保险制度，发展单项保健保险，建立健全国家医疗救助体系。在中等和较发达地区，可以在发展和完善现行合作医疗制度的基础上，尝试向医疗保险制度过渡。随着社会、经济的发展和工作的深入，再全面建立农村社会保障体系。针对目前合作医疗制度存在的不足，要积极改进和创新，并逐步提高社会化程度。同时创造条件推选一些农村医疗保险险种，逐渐扩大范围，使社会保险体系覆盖绝大多数居民。在经济欠发达地区，目前重点是抓好脱贫致富工作和社会互助与优抚工作的开展，先解决温饱问题，同时鼓励农民根据自愿的原则建立合作医疗保险。

二是建立新型的合作医疗保险制度。首先是正确选择合作医疗形式。目前农村合作医疗主要有乡办乡管、村办乡管、乡村联办、村办村管四种形式。从实施效果来看，在乡镇范围内开展“互助互济”会有更强的抗风险能力，能进行更有效的监督管理，并可以逐步提高社会化程度。因此，当前以乡办乡管为好。其次要建立科学合理的合作医疗筹资机制。应认识到筹资合作是三者即农民、集体、政府的合作，而不仅仅是农民之间的合作。因此资金的筹集应采取以个人缴纳为主、集体补助为辅、政府予以支持的办法。集体补助要根据当地集体经济状况而定，各级政府（主要是县乡二级）也应有适当的财政投入，作为合作医疗的启动、扶持资金，特别是对贫困地区合作医疗的建立应予以特别的关注。集体与政府的投入比例都应随着社会经济的发展而相应提高。再次要合理确定报销比例，逐步提高保障水平。比例过低达不到医疗保障的目的，过高会出现“有病无病都看病、大病小病多拿药”的现象，造成医疗资源的浪费，要按照“以收定支、略有节余”的原则合理确定。最后要强化管理与监督。要建立健全各项规章制度并严格执行，要加强审计与监督。要成立由有关部门和农民代表参加的监督组织，定期对合作医疗的实施情况进行监督检查，特别是对医疗资金的筹集、管理和使用情况，要进行严格审计，并向农民张榜公布。

三是逐步推进农村医疗保险。首先是提供种类多样、档次不同的保险品种，满足不同职业和收入水平人群的保险需求，使社会保险体系覆盖大多数人。如家庭医疗保险、村庄统一投保的农民住院保险、门诊保险及其他商业保险。其次是专业化的基金管理。可将企业、城镇和农业人口医疗保险基金统一管理，三大基金盈亏互补，从而分散风险，实现城乡融合一体的社会保护。严密设计保险规定及理赔制度，促使农户主动缴纳保险金，发生医疗费时能及时得到给付。最后是有效的日常管理。通过分布均匀的公司分支机构，既对医患双方实行有效监督，又方便给付和结算；同时采用高科技手段进行数据管理，提高效率。

四是实施医疗救助计划，缓解因病致贫和因病返贫的现象。直接设立政府或非政府医疗救济基金来扶助贫困人群，可以对医疗保障的死角或力度不够的地方进行补充保障，扩大社会保障的范围和程度，这与有些地区每年组织缴费动员“战役”投入的大量项目经费相比，也较经济可行，有助于建设有效运行的基本医疗保障体系。

第 五 章

生态环保：农村可持续发展的前提

党的十七大报告明确提出，要建设生态文明，统筹城乡发展，推进社会主义新农村建设。随着农村经济的快速发展，传统粗放的农村经济发展模式并没有得到根本转变，环境问题日益凸显。农村环境污染和生态破坏现象日趋严重，能否妥善处理农村环境，关系到农村经济能否持续增长，关系到广大农民能否安居乐业，关系到农村乃至整个社会能否和谐健康发展。因此，农村环境问题成为“三农”问题的题中之意，加强农村生态环境建设是解决“三农”问题的重要手段。

一、农村环境保护的现状

据2007年中国环境状况公报，我国农村环境保护形势依然严峻。点源污染与面源污染共存，生活污染和工业污染叠加，新、老污染交织；工业及城市污染向农村转移，危及农村饮水安全和农产品安全，农村面临环境污染和生态破坏的双重威胁。突出表现为生活污染加剧，面源污染加重，工矿污染凸显，饮用水存在安全隐患，生态退化尚未得到有效遏制。水土流失面积达356万平方公里，占国土总面积的37.08%。其中，水蚀、风蚀面积分别为165万平方公里和191万平方公里，分别占国土总面积的17.18%和19.9%。按水土流失的强度分级，轻度流失162万平方公里，中度流失80万平方公里，强度流失43万平方公里，极强度流失33万平方公里，剧烈流失38万平方公里。耕地质量退化趋势加重，退化面积占耕地总面积的40%以上。土壤养分状况失衡，耕地缺磷面积达51%，缺钾面积达60%。肥料施用总量中，有机肥仅占25%。工矿企业“三废”对农田土壤造成的污染不容忽视。依然存在耕地占优补劣现象。非农建设占用的耕地与新开垦的耕地质量相差2~3个等级以上。

1. 农业面源污染逐年严重

农业面源污染：是指由沉积物、农药、废料、致病菌等分散污染源引起的对水层、湖泊、河岸、滨岸、大气等生态系统的污染。与点源污染相比，面源污染的时空范围更广，不确定性更大，成分、过程更复杂，更难以控制。当前，在我国农业活动中，非科学的经管理念和落后的生产方式是造成农业环境面源污染的重要因素，如剧毒农药的使用、过量化肥的施撒、不可降解地膜年年弃于田间、露天焚烧秸秆、大型养殖场禽畜粪便不做无害化处理随意堆放等。这些污染源对环境的污染，尤其对水环境的污染影响最大，据统计，农业面源污染占河流和湖泊富营养问题的60%～80%。

造成农业面源污染的因素有以下几个方面：

一是农药、化肥使用量逐年增大。虽然推行使用高效低毒、低残留有机型农药，但还有部分群众使用已淘汰的有机氧等剧毒农药，从而对大气、土壤等造成极大污染。化肥年施用量达到4700多万吨，有效利用率不到35%，造成了农村水体和土壤环境恶化。大多数乡村使用化肥量都远远超过发达国家22.5吨/平方公里的安全上限。加之施肥结构不合理，导致化肥利用率低、流失率高，不仅造成了土壤污染，土地板结，还通过农田径流加重了水体有机污染和富营养化污染，并通过地下渗透，导致水中的硝酸盐、亚硝酸盐过多，容易引起食道癌、胃癌等消化系统的癌症。农药的大量使用，对环境生物和人类都产生了很大的影响。同时大量使用无机化肥，致使土地板结，地下饮用水氨氮含量增高，直接影响到人民群众的身心健康。

二是地膜污染量逐年增大。随着大棚农业的推广，地膜污染也在加剧。据调查，北方农业县一年的地膜使用量都在300吨以上，个别市县可达1000吨。地膜回收难度大，降解时间长，自然分解时间需100年以上，大量的地膜碎片掩埋在土壤中，对土地造成的污染是长期的、潜在的，影响十分严重。

三是秸秆由宝变废造成污染。由于燃料结构的调整，农作物秸秆还田和综合利用率低，秸秆由宝变废，50%以上已弃之不用，或一烧了之，或随意抛弃，每年还有一部分农作物秸秆被焚烧，不仅污染大气、污染水体，而且浪费了大量的资源和能源，破坏了土壤有机质。

2. 生活垃圾污染已成公害

生活污水、垃圾的随意倾倒、堆放，导致农村人居环境质量下降。农民环保意识不强，生活垃圾污染已成公害。主要表现：

一是生活污水污染。在日常生活中，村民生活污水绝大多数采用渗排，无序排放。并且大多使用廉价的含磷洗衣粉，对水环境的污染极大。目前，我国农村每年产生的 90 多亿吨生活污水基本上任意排放。

二是生活垃圾污染严重。一是垃圾数量越来越多。据测算，一个中等规模的县市农村每天产生垃圾可达 118.5 吨，全年约有 4 万多吨，全国有 2.8 亿吨生活垃圾随意倾倒，而且每年还以 10% 的比例增长。二是垃圾成分呈多样化趋势。除了常见的生活垃圾外，塑料垃圾、建筑垃圾、电子垃圾等明显增加。三是垃圾没有得到有效处置。生活垃圾几乎全部露天堆放，柴堆、土堆、粪堆随处可见，家禽、家畜乱跑乱拉，白色垃圾随风飘舞，环境“脏、乱、差”局面没有得到根本改变。大量生活垃圾严重影响农村生态环境，其占用大量农田，污染河道，严重影响水环境质量。

三是乡镇企业污染仍较严重。小电镀、小印花、小熔炼、废旧塑料回收等作坊式加工点仍遍地开花，现有的乡镇企业废气、废水、废渣的排放总量大于环境承载能力。有的乡镇企业受技术、人员、财力的影响以及经营者的短期行为，污染治理没有到位；有的乡镇企业受经济利益的驱使，想方设法应付环保部门的检查，虽有治污设施，但存在着闲置不用和偷排现象；乡镇餐饮业、加工业大多采用煤作燃料，对大气环境造成一定污染；一些农用三轮车、拖拉机等大部分使用柴油和 70 号含铅汽油，车辆尾气对农村环境造成较大污染；个别砖瓦厂盲目开采土方，造成生态破坏和环境污染，引起环境纠纷；农村饮用水水源地保护力度较小，农村饮水安全情况堪忧，饮用水源污染现象时有发生，严重影响群众身体健康。

四是畜禽养殖污染趋势加剧。蓬勃发展起来的畜禽养殖，给农村环境带来了沉重压力。农村畜禽养殖场大多缺乏有效的处理设施，直接将粪便倒入沟渠河流或随意堆放。这些粪便进入水体或渗入浅层地下水后，大量消耗氧气，使水中的其他微生物无法存活，从而产生严重的“有机污染”，不仅造成当地群众饮水困难，而且粪尿中所含病原体对人群健康带来极大的威胁。此外，水产养殖污染也不容忽视，大量投肥、投药、投料，直接或间接地污染了饮用水源。

五是生态环境恶化呈加速趋势。自然资源开发利用不合理，植被破坏，水土流失，耕地面积减少，农民砍柴做饭、乱砍滥伐的现象比较普遍；牛羊过度放牧、破坏植被的情况仍未杜绝；植树种草保护力度不大，存活率低；水土流失现象时有发生，生态环境脆弱，土壤肥力衰退，农村生态系统失衡的趋势日益明显。特别是农村河道污染严重，水面面积大量减少，水质恶化，既影响了农田的排涝防洪抗旱，加剧了水资源短缺的现状，又使得灌溉用水达不到标准，影响农作物品质和食用安全。在饮用水保护区仍在发展种植业和养殖业，造成水库富营养化加剧，威胁到饮用水安全。矿产资源的乱采滥挖，尤其是沿河、沿坡的开发不当，导致崩塌、滑坡、泥石流、地面塌陷、沉降等地质灾害频繁发生；野生动植物物种丰富区的面积不断减少，栖息地环境恶化，珍贵药用野生植物数量锐减，生物资源总量下降等。

二、农村环境污染的成因

建设社会主义新农村是我国现代化建设中的重大历史任务，是“十一五”期间经济社会发展的重点，也是构建和谐社会的重要保障。农村环境保护是新农村建设的一个重要方面，也是影响经济社会事业发展的一个重要因素。要建设生产发展、生活富裕、乡风文明、村容整洁、管理民主的社会主义新农村，促进人与自然和谐发展，必须找准农村环境问题及其根源。造成农村环境问题的原因是多方面的，既有历史的积淀，又有经济发展过程中出现的新矛盾，是生态效益与经济效益、眼前利益与长远利益矛盾的外在体现，主要表现在以下几个方面：

1. 农村环境保护意识不强

在我国农村环保工作长期没有得到足够的重视，没有深刻认识到现代工业和现代化农业的发展会对农村环境造成巨大的破坏。主要表现在：

一是少数部门和企业对农村环境保护的重要性认识不足。对环境保护的紧迫性缺乏足够的重视，重开发建设轻环境保护，重近期利益轻长远利益，重经济效益轻社会效益的现象仍然存在。因此，作坊式生产严重污染环境的企业仍大量存在，使得农村生态环境状况恶化。建立在工业污染防治基础上的环境保护管理制度，没有将农村污染和城市污染摆在对等的位置上，造成农村环境管理明显滞后于城市环境管理。

二是农民环境保护观念淡漠。诸如滥用化肥农药、乱倒垃圾废物等不良生产、生活习惯在农民身上根深蒂固，许多群众环保观念淡薄，自律意识不强。对环境问题漠不关心，长期施用单一化肥，地越种越“瘦”。无限制喷施农药，生产出的粮食、蔬菜及其他副食品的质量在下降，“自毁家园”的现象没有得到控制，后果令人担忧。同时，一些农民缺乏接近环保法、了解环保法的意识，认识不清环保法的内在经济动因，而为了自己一时的经济利益滥伐林木，大肆捕获珍稀动植物，过度放牧，加剧了自然生态环境的恶化，遭到了大自然的严重惩罚。

三是农村基层干部政绩观有偏差。由于我国农村环保法整体上仍未形成一个完整的体系，宣传力度欠缺，农村环保法在广大农村干部群众头脑中仍是一个未知数。从而出现了一些农村干部为了本地区经济利益而置环保法于不顾，采取“杀鸡取卵，竭泽而渔”的策略来发展经济。把局部利益与整体利益、短期利益与长远利益对立起来，严重违背了自然规律、经济发展规律与可持续发展战略的要求。这些干部的畸形政绩观对社会效益、环境效益产生了极坏的影响。此外，个别干部政策性意识浓厚，法律性意识淡薄，致使许多法律法规在农村实施过程中给以政策化，以政策的原则性、实践性、灵活性代替了法律法规的强制性、规范性、稳定性，造成农村环保法规建设障碍重重。

四是农村环境保护管理体制不健全。目前，由于我国环保法律体系还不十分完善，致使我国至今还未形成一个统一而完善的环境管理体制。现行的环境管理体制仍是按辅助性原则为依据的统分结合的多部门、多层次的执法管理体制，农村环境保护实际涉及农业、林业、水利、科技、畜牧、卫生、环保等多个部门，各部门工作职能有所交叉，出现都管却都管不好的局面，特别是没有统一监管的组织机构和协调机构，使农村环境得不到彻底改善。这样形成了执法主体势力割据的局面，致使权责不明，权力过于分散，从而使一些省、市级环境保护专门机构变成了本地区行政机关的附属机构。为了一味提高本地区的经济效益而忽视了环境效益与社会效益，甚至一些县、镇领导认为只要经济上去了，自然一切就都会搞好的，而对环保法置之不理，造成了地方保护主义极为严重。另外，各环保部门之间为了部门利益而互相扯皮，关键时刻相互推诿责任，形成了一种恶劣的部门保护主义，最终造成执法混乱，法律法规失去法律效力，致使环保工作无从说起。正是由于体制的不完善，监督力度自然也就上不去。因执法主体繁杂，上下级形不成垂直关系。往往为了地区利益、部门利益，形成了上级有政策，下级有对策的应付局面，使许多监督政策不能得到实施，法律得不到执行，监督变得苍白无力，环境污染日益严重。一是乡镇环保机构缺位。乡镇一级没有建立环境保护机构和人员，完全依靠县市级环保部门，而县市级环保部门人员少、编制少，要加大对农村的环境管理往往力不从心。二是统一监管组织缺失。农村环境保护涉及农业、林业、水利、环保等多个部门，没有统一监管的组织机构和协调机构，使农村环境得不到彻底改善。

五是污染治理措施不到位。农村环境污染，没有有效的治理模式，存在技术、经济障碍。目前我国环境管理体系是建立在城市和重要点源污染防治上的，对农村污染及其特点重视不够，加之农村环境治理体系的发展滞后于农村现代化进程，导致其在解决农村环境问题上不仅力量薄弱而且适用性不强。农业生产导致的面源污染具有排放主体分散、隐蔽，排污随机、不确定、不易监测。这使得对面源污染的管理存在成本过高，因此存在着只能对受害地监测，很难监控排污源的现状。如地膜的面源污染就没有有效收集污染物措施。而对农村的生活污染、乡镇企业污染以及小型、个体畜禽养殖污染，也难以采取有效措施治理。套用解决城市污染和规模以上工业企业污染的主要手段——末端治理存在技术、经济障碍。除了面源污染难以收集污染物外，其他类污染用末端治理常会出现既治不起，也治不净的情况。规模以上工业企业的污染治理由于其污染排放的集中性、污染物相对的单一性和企业经营相对的大规模等特点，末端治理方法在多数情况下是适用的，甚至是唯一的。而农村的生活污染、乡镇企业污染以及集约化畜禽养殖场污染，采用末端治理则会因为污染治理设施建设和运行的最小经济规模限制以及高折旧率限制而不可行。

2. 污染治理资金来源不足

农村污染严重，但难有缓解，主要是污染治理不及时，而污染治理不及时的重要原因之一，则是污染治理资金来源不足。

第一，农村污染治理资金缺乏财政支持。长期以来，我国严重存在着城乡获取资源、利益与承担环保责任上的不协调问题。污染防治投资几乎全部投到工业和城市。目前城市环境污染向农村扩散，而农村从财政渠道却几乎得不到污染治理和环境管理能力建设资金，也难以申请到用于专项治理的排污费。由于农村土地等资源产权关系不明晰，致使农村的环境资源具有一定的“公共属性”，造成几乎没有有效的经济手段，对农业生产中社会收益大于私人收益的部分给予一定补偿，对社会成本大于私人成本的部分收取一定费用，实际上鼓励了农村居民采用掠夺式生产方式。由于环境保护尤其是农村环境保护本身是一项公共事业，属于责任主体难以判别或责任主体太多、公益性很强、没有投资回报或投资回报率较小的领域，对社会资金缺乏吸引力，政府必须发挥主导投资作用。

第二，环保建设项目资金运用效果不佳。在实施农业和农村环境保护建设项目上，还存在着资金分散、重复建设和“自上而下”的决策等现象。例如，面源污染的治理资金分散到农业、水利、环保等部门，导致一个需要环环相扣才可能行之有效的治理方案变成各部门步调不一致的局部行动，自然效果不佳；由于采用“自上而下”的决策机制，在政治目标最大化的激励下，对于能增加政绩的公共服务，呈现出一种较高的供给热情。而人居环境基础设施这样没有进入地方官员政绩考核体系的公共服务，即便农民已经有了需求，也很难提到地方政府的操作层面上来。

第三，扶持措施不力，导致农村污染治理的市场化机制难以建立。虽然不少地方对城市和规模以上的工业企业污染治理，制定了许多优惠政策，但是对农村各类环境污染治理，却没有类似的政策。由于农村污染治理的资金本来就匮乏，建立收费机制困难，又缺少扶持政策，导致农村污染治理基础设施建设和运营的市场机制难以建立。

3. 环境规划和环保设施建设滞后

环境规划和环保设施建设滞后，也是农村污染成顽疾的重要原因。

在农村，由于缺乏科学规划，乡镇企业布局呈现“小散乱”状况，作坊式加工点遍地开花，家庭工业发展缺乏有效控制，厂居混杂，既影响了农村居住环境，又难于管理和不利于治理，严重污染农村环境，同时造成了大量的污染纠纷，影响了社会稳定。还有，在饮用水保护区仍在发展种植业和养殖业，造成水库富营养化加剧，威胁到饮用水安全。总之，这完全是因为科学规划缺乏和生态农业建设力度不足所造成的。环境规划滞后，特别是小城镇建设对环境保护缺乏切实可行的规划，随着城镇规模的扩大，农村原有的具有强大环境自净能力的自然循环被破坏，原本可以自然消纳的生产生活污染物都将超出环境自净能力而成害。环境问题也将在不远的将来逐步显现。

我国的环境保护立法，已初步形成了一个以 1989 年 12 月通过实施的《中华人民共和国环境保护法》为主体的法律法规体系，并对农村环保事业的发展起到了一定的推动作用。但随着市场经济体制的建立，这一法律法规体系远不能适应市场经济发展的需要。体系中调整农业和农村经济行政关系的行政法律规范性质的农村环保法律法规不多，而符合市场经济要求的调整农业和农村经济民事关系的民事法律规范性质的农村环保法律法规更少。另外，一些重要环境领域还存在立法空白，如程序法方面的有关环境评价法、排污费征收使用管理条例、农药环境污染法等。从而使我国农村环保立法跟不上国际环保发展的趋势，不利于农村环保事业的发展。

三、农村环境保护的对策

加强农村环境保护是建设生态文明的必然要求。建设生态文明是党的十七大提出的一项重大战略任务。农业和农村是连接人与自然的主要纽带，农村环境保护在建设生态文明进程中占有极其重要的战略地位。不解决农村生态环境问题，就会动摇“三农”的基础，也会妨碍发展的步伐，甚至影响中华民族生存的根基。必须站在国家可持续发展的战略高度，全面加强农村环境保护，推进农村生态文明建设，维护国家生态安全。国务院办公厅《关于加强农村环境保护工作的意见》，明确了农村环保工作的指导思想、基本原则和奋斗目标，要求着力解决七大突出农村环境问题，是指导我国农村经济、社会与环境协调发展的一份纲领性文件。原国家环保总局印发的《全国农村环境污染防治规划纲要》，将农村饮用水源地污染防治、聚居区生活污染防治、工矿污染防治、畜禽和水产养殖污染防治、土壤污染防治和面源污染防治六个方面的问题作为农村污染防治的重点领域和主要任务。我们要从全局和战略的高度，提高对农村环境保护工作重要性和紧迫性的认识，统筹城乡环境保护，把农村环境保护工作摆上更加重要和突出的位置，下更大的气力，做更大的努力，切实解决农村环境问题。

1. 加大立法工作力度，全面提高依法防治环境污染能力

为了适应农村市场经济发展的需要，达到农产品国际贸易化发展的要求，基于农村环保法制建设的现状，需要构筑一个比较完善的、独立的农村环保法律体系，把农村环保这一块从整个环保法中独立开来，根据可持续发展原则，结合农村环保本身所具有的特点，形成一个单独针对农村的环保法律体系。此体系大致应由下列各部分构成：宪法关于农村环境与资源保护的规定；农村环境与资源保护基本法；农村环境与资源保护单行法；农村环境标准；其他部门法中关于农村的环境与资源保护法律规范。这样使整个农村环保法律体系统一化，有利于农村环保法制建设有序地进行。

①制定《中华人民共和国农村环境与资源保护法》或《条例》。制定一部可操作性比较强的农村环境保护专用法规是依法监督管理保护农村环境、防止污染恶化和治理污染的重要法律依据。现有的环境保护法在实际执行中主要侧重运用于城市建设、工业生产和市民生活环境的保护，与现行农业法规及国家产业政策还有某些方面不相适应的问题，尤其是很难完全适应新农村建设的发展需要。要根据农村环境保护与城市环境保护的不同特

点，紧密结合当前切实加强农村环境保护管理工作的特殊需要，制定《中华人民共和国农村环境保护法》或《条例》。

②补充农村环境与资源保护法中欠缺的单行法。如农村环境保护评价法、农药环境污染法等；根据国内国际情况，制定出既符合我国国情又能与国际环保接轨的环境标准；制定和完善无公害农产品及农药、化肥使用规程等相关标准、规定。以规范农药、化肥的使用，推广符合生态要求的施肥和施药技术。加大无公害农药和环保地膜的强制推广使用，加大秸秆禁烧和综合利用力度。

③修订现有立法，以适应目前农村环保法制建设同国际接轨的需要。除了最新制定的《固体废物污染环境防治法》中专门提到了农村环境问题，其余有关法规均没有针对性强的条文，这个缺陷应在法规修订中予以弥补，以促进有关政府部门加强这方面工作和为基层职能部门提供法律依据。如水污染防治法中的排污费税法的规定，1997 年国务院颁布实施的农药管理条例中对于农药进行使用所造成的污染怎样处治，仍缺乏相应的法律条款；在修法前有些地区还可以根据“地方立法适度超前”的原则先行出台针对性强的地方性法规。

④环保、林业、农业、水利、畜牧等部门，要认真贯彻执行《中华人民共和国环境保护法》、《森林法》、《水土保持法》、《水污染防治法》等相关法律法规，加大执法监督力度，坚决杜绝边治理边破坏的现象，依法打击各种农村环境污染行为，保护

治理成果。

在我国农村环保法制建设过程中，应当借鉴国外一些发达国家的立法经验和管理体制，引进一些尖端的管理技术与环保科技。同时要加强研究国际环境保护条约、公约，充分利用 WTO 中关于双边或多边贸易协定中规定的非歧视原则和国民待遇原则，达到与国际环保法规接轨，为我国农村环保事业的发展创造一个良好的外部空间。

2. 加大组织领导力度，多方面建立农村环保管理体制

①健全农村环境保护综合机构，提高农村环境监管效果。现有的各级环境保护行政主管部门虽然承担各自辖区的城乡环境保护的统一监督管理工作，但是在过去实际工作重点主要侧重于城市建设、工业生产和市民生活环境的保护，很少能够完全顾及有效保护农村环境。为了把农村环境保护问题解决好，从现在扎实推进新农村建设起步阶段，就应该首先建立健全能够独立负责任地完全搞好全国各地农村环境保护工作管理机构，不断扩编充实精干力量，使其与所独立承担的艰巨工作任务相适应。形成城乡之间互相监督、互相学习、互相帮助、互相配合、互相促进的工作格局，共同努力，分别搞好各自范围内的工作，解决目前一个部门为主管理很不到位和存在的诸多问题。要十分重视农村环保执法监督机制建设：一是要形成上下级政府监督关系，即上级政府把下级政府关于环保工作开展的好坏，是否密切配合环保机关

工作的顺利进行，作为进行量化考核评定其年度政绩的一个重要组成部分，这样既对当地政府起到了良好的监督作用，同时，也利于扭转地方政府只重视经济效益而忽视环境效益与社会效益的不良倾向；二是要形成环保机关上下级的垂直监督关系。环保部要从法律和行政上对各级环保机关、各部门的环保机关在执行环保法律法规方面加大稽查力度。对个别环保机构不能认真执行环保法规，不能圆满完成上级交付的任务的情况要进行严格查处。对违法乱纪现象应追究有关责任人的法律责任及行政责任，促使各级各部门的环保机构依法行政，做到执法必严，违法必究。这样既能克服地方保护主义与部门保护主义的发生，又能在人民群众中树立起环保部门的执法权威，保证农村环保法制建设顺利进行。

②建立和完善农村生态环境保护责任制。实行环境质量行政首长负责制，层层签订责任状，要把地方各级政府对本辖区生态环境质量负责、各部门对本行业和本系统生态环境保护负责的责任制落到实处。明确资源开发单位、法人的生态环境保护责任。实行严格的考核、奖罚制度。进行年度和任期目标管理考核。要把生态环境保护和建设规划纳入各级政府经济和社会发展的长远规划和年度计划，保证各级政府对农业和农村生态环境保护的投入。建立农村生态环境保护与建设的审计制度，确保投入与产出的合理性和生态效益、经济效益与社会效益的统一。

③齐抓共管，建立行之有效的农村生态环境保护监管体系。

成立农村环境综合整治工作领导小组。全面协调各方面工作，形成齐抓共管格局。各有关部门应各司其职、密切配合、齐心协力，共同推进农村生态环境保护工作。环保部门应做好综合协调与监督工作，计划、农业、林业、水利、国土资源和建设等部门应加强自然资源开发的规划与管理，做好农村生态环境保护与恢复治理工作。用生态农业的观点，运用新技术，优化农业结构，形成农业生态环境良性循环。指导农民合理施用化肥，加大农家肥和病虫害生物防治的推广力度，发展“无公害”蔬菜和绿色食品；按照国家农业产业政策的要求，推广使用环保型可降解的农用地膜；继续抓好生态家园富民工程建设，大力推广农村户用沼气；坚决禁止焚烧秸秆，引导农民进行综合利用；继续抓好退耕还林还草工作，禁止乱砍滥伐，禁止开垦和破坏草场，实行轮牧制度，发展农区畜牧业，达到草畜平衡。切实保护好现有林草植被，预防和制止水土流失面积进一步扩大，继续抓好小流域治理项目的实施，加快治理步伐。

④加强环境保护的机构和能力建设，完善农村环境管理基础体系建设。应优先加强县以下农村环境保护的机构和能力建设，逐步建立和完善农村环境监测和统计工作基础。省、地环境保护部门应专人专职负责农村环境保护工作；乡镇和村一级配备专兼职环境管理干部。各大中城市的环境保护部门也应切实加强城郊结合部及郊区的环境保护，逐步实现城乡环境保护监督管理一体化。此外，为了在农村有效实施环保法，必须提供一套强有力的

管理体制作保障：基于目前的管理体制，除继续完善排污许可证制度、征收排污费制度、环境影响评价制度等外，还应建立实施清洁生产促进制度，农业环保责任制度和农村生态环境综合治理定量考核制度，兽禽养殖污染防治管理制度等。

⑤建立村规民约。按照“政府领导、部门支持、村民自治”的格局，积极探索加强农村环保工作的自我管理方式，采取“门前四包”、聘请兼职保洁员和环保自愿者、深入开展农村爱国卫生运动等方式，积极组织村民参与农村环保。建设社会主义新农村就一定要有现代农业，我们必须努力做好现代农业建设方面的工作，大力发展循环农业、生态农业、观光农业和精确农业。

3. 加大科学规划力度，多角度治理农村环境污染

①将农村环境保护体现在国家和地方的有关计划和规划中。制定农村环境保护规划也就是制定城市外围大环境保护规划。首先要立足于现有自然资源条件，最好按照我国的高原、山地和丘陵、平原、盆地、海域的依次梯形分布的地势地貌类型，科学制定全国农村环境保护总体规划，可分为国家、省、县级三个层次；县域环境保护规划的重点内容应是环境功能区划和环境保护控制性规划，有条件的应编制县域环境容量规划。制定农村环境保护规划的首要任务，一要保护好现有 18.31 亿亩耕地面积。二要保护好现有 35.36 亿亩林地，它占全国土地总面积的 24.6%，

这是全国人民安居乐业的“大屏障”。三要保护好现有58.95亿亩草原面积不减少，草场不退化，它占全国土地总面积的40.9%，这是全国人民所需主要草食性畜产品大基地。四要保护好内陆水域的淡水资源和近岸海域的水质少受污染。

②在新农村建设中，应科学制定农村环境保护长远规划，将环境问题作为规划的重要方面，提高农村产业发展相关环境质量。通过编制小城镇和新农村建设规划、工业园和畜牧园区规划，逐步实现人居环境和生产环境的分离。对集约化畜禽养殖业的发展进行合理规划。重点地区尤其是重点湖泊周边也应根据区域环境规划以环境容量（包括对粪便的土地消纳能力和综合利用能力等）来控制养殖场的总量规模，调整养殖场布局，划定禁养区、限养区和适养区，使发展迅速的小规模集约化养殖场在环境容量较大的区域集中连片形成专业园区，便于降低污染危害和发挥综合利用设施的规模效益。树立国内人民生活用水和农业生产用水优先的指导思想，为避免水环境的进一步恶化、水污染的进一步加重，严格控制沿江沿河沿湖沿海地带的污染工业建厂。要从严审查当前各乡村的新农村建设规划，坚决制止打着新农村建设旗号上马破坏资源污染环境的开发活动。

③要结合各地实际，将饮用水源保护、生活污水排放、垃圾集中堆存、畜禽圈舍建设、改厕改灶、四旁绿化、三堆存放等纳入整个规划之中，坚持标准，严格要求，统一建设，从根本上解决农村环境污染问题。其一发展无污染、少污染的乡镇企业，加

强规划、建设城镇工业小区；其二增施有机肥料，改良土壤，提高土地肥力，科学合理使用化肥农药，积极开展生物防治；其三禽畜粪便和生活废弃物经沼气化、无害化处理后回归农田；其四保护江、河、沟水面，开展综合利用。积极开展农村河道轮疏，扩大水面面积；其五大力开展无公害产品（或称绿色产品）生产，尽可能少施化肥农药；其六提倡秸秆还田，增强地力、改良土壤，禁止焚烧，保持良好大气环境；其七保护现有植被，大力植树造林，改善城镇环境质量，美化城市景观。当前应当以创建生态市、环境优美乡镇和生态村为抓手，积极启动农村小康环保行动。一是加强农村土壤污染防治，开展污染土壤修复试点工作，加快实现生产技术生态化、生产过程清洁化、生产产品无害化、生活环境舒适化，逐步达到生态、经济和社会效益的协调统一。二是切实加强农村环境监测和监管。以建设“清洁水源、清洁能源、清洁田园、清洁家园”为目标，突出抓好农村饮水安全；把农村污染治理、废弃物综合利用同发展清洁能源结合起来，大力发展农村沼气，综合利用作物秸秆，推广“猪—沼—果”、“四位（沼气池、畜禽舍、厕所、日光温室）一体”等能源生态模式，逐步改善农村能源结构；着力防治工农业生产污染，严格建设项目环评和“三同时”环境管理制度，对已建成的企业要严格执行达标排放。加强水产养殖污染的监管，控制水库、湖泊的网箱养殖规模，禁止向库区及其支流水体投放化肥和动物性饲料。结合新农村建设，大力实施“清洁工程”，对生活污水，采取建立人工湿地处理池等办法进行净化处理；对生活垃圾，采取分户分类、联户收集、就近填埋和户分类、村收集、乡运输、市处理等方式，进行无害化处理。

4. 加大环保投入力度，多渠道筹集治理建设资金

努力增加农村环境保护资金投入，提高专项资金投入使用产出效果。随着国家环境保护的重点真正从城市环境保护转移到农村环境保护上来，相应地增加资金投入是搞好农村环境保护工作的必要条件。从资金机制上保证农村在环境治理上的平等待遇，体现“以城带乡、以工哺农”的大政方针；在新农村建设的有关项目中，采取的是“财政投入向农村倾斜、基础设施向农村延伸、公共服务向农村覆盖”政策。推行农村环境管理和污染治理的“自上而下”的筹资机制：加大财政资金的专项转移支付力度，明确解决农村环境问题的资金渠道和部门责任，使农村的环境管理体系建设和聚居点的污染治理基础设施建设有明确的资金来源。通过这样的手段初步解决环境管理和污染治理体系覆盖不到和力度不够的问题。今后国家财政部门应优先确保农村环境保护部门开展工作必需的经费支出，一要保证全国现有从事农业环境保护工作人员的工资；二要保证购置农村环境监督管理所必需的常规检验检测设备及正常维护保养检修的资金需要；三要保证下乡进村入户现场办公用车用餐等费用；四要保证实施重大农村环境保护项目所需资金来源。

坚持“谁污染、谁付费，谁收益、谁负担，谁开发、谁保护”的原则，不断拓宽投资渠道，逐步建立政府、企业、社会多元化投入机制。财政预算中应安排一定资金用于农村环境保护，并根据“工业反哺农业”有关精神研究制定相关的优惠政策。调整财政投入结构和方式，建立政府引导资金，通过政府投入、股权收益适当让利、财政贴息、前期活动补助等，引导社会资本对农村生态、公益事业的投入。探索水权转让、矿业权招标、水域有偿开发等，建立和完善多元化投融资渠道。同时，充分利用各相关部门的资金投入，采取政府、集体和个人各自承担一定比例资金的办法，鼓励农村、农户、企业建立生态果园和沼气池、垃圾临时堆放池等污染治理基础设施。引导和鼓励社会资金参与农村环境保护。在财政增加投入的基础上，按污染者付费的原则，通过污染企业交纳接纳费和自来水费中增加污水处理费等形式筹措环保资金，逐步用市场经济的方式实现污水处理的社会化，实现环保资金投入的良性循环。

建立生态补偿机制。从主要用行政办法保护环境转变为综合运用法律、经济、技术和必要的行政办法解决环境问题，自觉遵循经济规律和自然规律，提高环境保护工作水平的总体工作部署。把环境有价理念引入环境保护治理中，建立上下游污染赔付补偿机制。同时对省级以上生态公益林建设，财政每年给予补偿。应加大排污费资金用于农村环境污染治理的比例，以体现对受害者的补偿。在农业产业结构调整、重点生态环境建设工程布局、工程立项，土地征用流转、生态移民、资源有偿使用、生态补偿等方面提供政策扶持。

5. 加强环境保护意识的培养，多层面开展农村环保宣传教育

全面落实“预防为主，保护优先”和“保护中开发，开发中保护”的方针，通过多层次、多形式的宣传教育活动，树立生态文明理念，提高环境保护意识，在全社会营造人人关心环境、个个参与环境保护的氛围。广泛开展环境警示教育，通过反面案例，使广大干群受到震动和教育。通过组织开展各种农民喜爱的科普宣传和文化体育等活动，加强对农民的科普教育和政策引导，从而革除陋习，推广科学、健康、文明的生产、生活和消费方式，走生产发展、生活宽裕、生态良好的文明发展道路。一要定期邀请人大代表、政协委员检查环境问题，通报县农村环境破坏状况和变化趋势，通过新闻媒体向群众宣传环境法律法规，讲授环境保护科普知识；二要面向群众加强环境保护理论、社会公德的宣传教育，形成良好的社会道德风尚，逐步将保护环境、改善生态、合理利用和节约资源的意识渗透到日常生活中；三要充分发挥宣传、新闻媒体、教育等部门以及群众团体的作用，深入各村组，以通俗易懂的方式，宣传生态经济学的观点，宣传滥用农药、化肥对农业生态系统及人身健康的危害。同时要通过举办各种培训、讲习和辅导班，普及综合防治技术，提高农民的环保意识。加强环保法制宣传，提高干部和农民的环保法律意识。

目前我国农村生产力发展水平不高，人民的文化生活水平较低，法治意识淡薄，广大农民在某种程度上来说仍是一种小生产者，自私自利性在他们心目中仍占有一定的地位，从而出现了一些农民为了一己的利益，在金钱的诱惑下大肆捕获国家珍稀动物，滥伐林木，严重破坏了生态平衡。与此同时，在我国一些欠发达地区的农村干部对环保还存有模糊认识，环保法律意识极其淡薄。因此，在广大农村必须加强环保法制建设，加大宣传力度，提高广大农村干部群众环境意识。

第 六 章

社会化服务体系：开辟“三农”的绿色通道

农村社会化服务是社会各部门为农、林、牧、副、渔各产业发展所提供的服务。即农业生产经营单位把生产过程中的某些环节和项目，交由社会有关单位和组织来承担和完成，通常是交由专业技术部门、农业合作经济组织和社会其他服务机构组成的组织体系来完成。农业商品经济和农业生产专业分工的发展，离不开社会化服务。农村社会化服务是农业经济走向市场经济的重要条件，是现代农业发展的客观要求。

一、现代农业迫切需要社会化服务

建立农村社会化服务体系是农村改革的深化和农业商品化生产提出的新问题，也是现代农业发展的客观要求，也是现代政府转型的必然选择。加强农村社会化服务体系的建设，是全社会为“三农”发展开辟的一条绿色通道。

1. 社会化服务是现代农业发展的客观要求

联产承包制打破了大一统的集体经营体制，把农民变成了独立生产经营的主体。许多过去由集体承担的服务功能转由农户自行承担，还有一些该由集体开展的服务又没有开展起来，乃至出现许多新情况、新问题，诸如水利设施老化、集体财产管理不善、科技兴农作用发挥不够、农资供应不及时、农产品流通滞后、信息闭塞、农机配套服务跟不上，等等。这些新情况、新问题，使产前、产中、产后的社会化服务变得十分迫切起来。新型的社会化服务体系对农业生产的发展意义主要表现为以下几个方面：

①由于农业生产目标已经由片面追求产量，向高产、优质、高效的目标转化，而实现这个目标，较之过去的要求更高，任务更重、难度更复杂，仅靠农户的自身努力远远不够，迫切要求社会部门提供服务，包括技术、资金、生产资料等方面的服务。

②农业技术正在由传统耕作转向集约耕作，转向现代化的生产技术，这就要求专业技术部门提供多方面质量更高的技术服务。例如优良种子的培育和提供，农业高新技术的推广等。这些，靠一家一户的农民去独立完成根本不可能，需要专业部门来进行。单说农作物种子，许多高产的良种属于高科技培育，不仅要技术，还要高科技的设备，这些良种是专门的农业技术部门经过多年的培育而成功，一家一户根本没有独立育种

的能力。

③农业的商品生产和商品流通发展迅速，农产品基本放开，由政府统购统销转为农民自主经营。如何协调小规模的、分散的小生产与大市场、大流通的矛盾，如何引导农民进入市场，把产品变成商品，迫切要求有关方面提供服务。农村社会化服务体系就是通过市场纽带，与农业生产部门、与农户确立稳定可靠的相互依赖关系和新型的市场关系，帮助农民实现农副产品的商品价值。尤其是市场经济变化迅猛，个体农民难以把握信息瞬息万变的信息，没有准确的市场信息，在市场竞争中势必处于弱势地位。

④我国农业正在从主要提供初级产品的产业部门，向加工增值型的农业转化。加工增值型农业，即通过多层次的加工，增加新的技术含量，以提高农业的效益。如何帮助农民提升初级农产品的档次，增加农产品的附加值，也成为农村社会化服务体系的重要功能。

总之，农村社会化服务体系的建立与完善，将使本地的优势产业步入区域化布局、专业化生产、社会化服务、一体化经营的轨道，使资源优势变为商品优势、经济优势，促进农业和农村经济的全面发展。如果说，我们要实现农业产业化，离不开社会化服务，而农村社会化服务最终也将成为农业产业化链条上的重要一环。

2. 建立农村社会化服务体系是政府转型在农村工作中的体现

进入新世纪之后，政府转型越来越受到人们的关注。而现代政府转型的一个重要内容，就是从一个管理型政府转向一个服务型政府。这个转型，要求政府的角色由“上帝”向公仆的转换，即由以权力管制为主的政府转型为以服务为主的政府。政府转型成为公仆之后，政府官员与人民群众没有了等级之分，也大大缩短了相互间的距离，服务成了政府最重要的职能。服务政府最关键的一点，就是代表最广大人民群众的根本利益。通过服务，最大限度地满足人民群众不断增长的物质与文化需求、最大限度地满足人民群众全面发展的需求。服务政府体现在“三农”方面，就是要真心实意地服务“三农”，把“三农”作为服务对象，回应和满足“三农”在新世纪发展的要求和期望，解决“三农”的难题。在市场经济条件下，政府在“三农”工作中的转型，就是要把服务当做政府的主要职能，为农民顺利进入市场扫清障碍、创造条件，并通过政策、经济的杠杆，引导资本、人才、项目向“三农”转移，同时也提供一些实质性的服务，促进“三农”发展。尤其是在建立农村社会化服务体系过程中，政府应成为主导和纽带。作为主导，就是通过政府的服务，引导其他社会化服务组织在服务“三农”的过程中克服单纯追求经济效益的行为，把服务方向集中在促进“三农”发展的主目标上；作为纽带，就是政府用为农村社会化服务体系的重要组成部分，发挥政府的权威影响作用，把各类农村社会化服务组织有机地组合起来，形成功能互补、彼此照应、协作互动的网络，为“三农”提供全方位的有效服务。

3. 建立农村社会化服务体系是中国农业走向国际化的必然选择

中国加入WTO，对农业来说，既是挑战，也是机遇。首先，来自国际的竞争将迫使我国提高农业服务化水平。其次，加入WTO以来，我国逐步削减农产品进口关税，取消一些不符合世界贸易组织规定的非关税保护措施，农业保护从以边境保护为主向以国内政策措施为主过渡，因此，通过某种形式对农村合作服务组织提供优惠扶持政策，以提高农业微观经济组织的竞争力，成为有关决策部门的一项政策选择。最后，提高我国农产品的国际竞争力，关键在于增加农产品的出口加工深度以及提高农产品的技术含量。这将会对农业生产的产前、产中和产后的各个环节提出更高的服务要求。建立高效的农业社会化服务体系，是把挑战转化为机遇的必然选择。

二、农民对社会化服务的新需求

进入新世纪之后，随着农业产业化经营的加速、农业市场化程度的提高，包括农民的“非农化”步伐加快，使广大农民对社会化服务的要求更为迫切。

1. 农民需要提供什么服务

①渴求提供销售服务，解决农产品“卖难”。多年来，困扰广大农民的最大难题，就是如何解决丰收高产后的“卖难”问题。很多时候，农民辛辛苦苦种出的粮食、水果、蔬菜，许多都是优质产品，却因为销售渠道不畅通，变成了赔钱货。据一项调查显示，农民最希望提供的几项销售服务：一是提供“订单”，帮助农民按照合同生产，特别是帮助农民销售产品；二是建立农副产品专业批发市场，帮助农民直接销售产品；三是国家扩大农产品收购量，缓解“卖难”压力；四是组织集体或个人直接上门收购农副产品，尽量拓宽销售渠道。总之，对提供销售服务，有一种超乎寻常的渴求。事实上，现在农民科学种田的水平提高了，不管什么先进技术、优良品种，都能很快掌握，关键是种出来的东西如何卖出去。

②对提供信息服务，广大农民有不少新的要求。许多农民除了希望社会多提供农产品价格、生产资料价格等信息外，更希望得到以下几个方面的信息服务：一是生产项目信息，提供符合自己实际的致富信息；二是打工信息，到何处打工既保险又挣钱；三是种植业结构调整信息，种什么才有市场、有销路；四是农副产品销售信息，到何处能卖掉并且能卖上好价钱。

③科技服务始终是深受农民普遍欢迎的“财神”。对于大多

数农民来讲，他们基本掌握了一些常规科学种、养的知识。现在农民更希望得到一些有关“新、奇、特”方面的科技服务。也就是说，有关部门和社会组织应该给他们多提供一些“特色”科技服务。如特色种植业、特色养殖业、绿色食品等。希望据此调整自己的产业结构，提高农业的比较效益。

④在资金服务方面，许多农民极为有关注的是能得到更多的优惠贷款。据群众反映，现在贷款的条件比较宽松，只要有几户担保就可以贷到小数额的贷款，并且可以满足春耕生产的需求。但是，有些农民也反映，相当数量的农户已有能力依靠自有资金或相互拆借，从事基本的生产特别是春耕生产，他们需要的是社会能够提供更多的资金尤其是低息或无息贷款，从而低成本地上一些新项目，加快自我增收的步伐。

⑤对提供生产生活资料的服务，大多数农民关注的焦点已转向价格和质量。生产生活资料是农民的必需品，这类服务不管什么时候都需要，相当多的农民都已经意识到自己面临的是一个“买方市场”，不是你去找生产、生活资料，而是生产、生活资料来找你。只要手中有足够的资金，在市场上可以买到任何自己所需要的物资商品。在这方面，他们最为关心的是农用物资的价格与质量问题：在价格问题上，希望能够买到便宜的产品，以降低生产成本，增强农产品竞争力；在质量问题，农民最怕买到质量差的产品，尤其是种子、农药，弄得不好，会让他们一年的心血全部泡汤。实际上，有一些农民因买假种子而弄得一年到头颗

粒无收。对此，他们希望政府和社会，采取有力的措施，从根本上解决农用物资，特别是化肥、柴油等乱涨价的问题，并进一步加大打假、打劣的工作力度，认真查处坑农、害农等违法、违纪案件，保护农民的切身利益。

⑥对政策服务，广大农民对国家能够提供保护寄予了很大的希望。许多农民认识到上面的政策是对农民有利的，只是下面把中央的政策给“贪污”了。所以，现阶段的农民比以往任何时候都渴望国家和各级政府提供一些政策性服务，体现在四方面：一是加强对农业的支持政策，特别是有利于粮食主产区农民增加收入的政策；二是加强对农产品的宏观调控，对进口农产品实行总量控制，减少国外农产品对国内市场的冲击；三是采取有效措施，解决产业结构调整过程中一哄而上、一哄而下的问题，科学实施，调整就调成功，调整就调出效益；四是尽快出台有利于服务组织发展的政策，大力提高农民的组织化程度，解决小生产与大市场的矛盾，促进农民与国际市场的有效对接。

⑦对法律服务，外出打工经商群体的要求则相对更强烈一些。由于近年普法工作的不断深入，使越来越多的农民做到了知法、懂法、守法，并且开始运用法律的武器维护自身的合法权益。但是，在调查中我们也感到，那些外出打工、经商的农民对社会是否能够为他们提供法律服务，提供什么样的法律服务，则更关注一些。这是因为他们生活在一个陌生的世界，是一个弱势群体，受到的不法侵害（如领不到工资，工伤无人管）相对多

一些。有时候，打工一年，老板开个白条，甚至赖掉工资。2003年不就出现总理帮农民工讨工钱的事情吗？所以，农民中的这一群体迫切需要各级政府特别是法律为他们撑腰，保护他们的合法权益。

⑧对文化服务，一些青年农民表现出了比较浓厚的兴趣。不少年轻农民反映，现在的农村文化生活比较单调，除了看看电视、玩玩麻将，能直接参与的文化娱乐活动几乎没有。他们非常希望：一是城里的剧团经常下乡来演出；二是能够经常组织农村青年开展一些文化娱乐活动；三是有关单位多捐献一些报刊、书籍，成立村级图书阅览室。此外，一些农民还希望政府和社会多提供一些管理服务、公益服务等。

从农民所需要提供的服务来看，现阶段农民的需求在不断增长，既包括物质的，也包括精神文化的，既包括生产的，也包括生活的，而且在某些方面需要提供的服务，在质的方面有了更高的要求，我们要想使服务到位，就必须了解农民不断增长的需求，从农民的实际情况出发，及时解决他们生产生活中的问题，这样的社会化服务才会真正受到广大农民的欢迎。

2. 农村社会服务化体系的现实缺憾

从目前农村社会化服务体系的建设来看，虽然大多数地区已经基本形成，有的已经取得了明显的成效，但从总体上看，发展是不平衡的，还存在着体系不健全、项目不配套、设施不完善、管理不规范，以及服务意识淡薄、服务质量不高、效益不好等问题。有人做过这样的调查，通过问卷了解各级政府和社会组织提供的服务，农民是否满意？哪些方面满意？调查表明，农民对所提供的服务能够达到比较满意程度的不足10%，50%以上的人表示不满意，表示满意的几乎没有。但不少农民对报纸、电台、电视台提供的信息总量，农业科技人员下乡传授科学技术，政府和金融部门提供的优惠贷款和专项资金等服务内容和项目表示了一定程度的满意。在问及对政府、集体、企业和个人提供的服务，你最信赖谁的问题时，大多数人选择了“政府”，说明了政府在农民心中的地位还是很高的。但事实上，在市场经济条件下，政府提供的服务不是完整的，更多服务来自社会组织、企业以及农民的自助服务。因此，很多时候服务难以到位，存在一些缺憾。具体来说，有以下几个方面：

①服务内容单一，满足不了农民的需求。调查中发现，现阶段的农民对社会化服务的要求越来越高，不仅包括物质内容，也涉及精神内容。但实际上我们所提供的服务项目却非常少，服务不配套，服务体系不健全，农民需要提供的服务很难满足，特别是精神文化方面的服务相对缺乏，没有文化服务，农民的闲暇时间就只能打麻将、睡大觉。

②服务缺乏针对性，让农民感到无所适从。有些部门和组织向农民提供的服务内容比较空泛，缺少针对性。比如调整产业结构，有些基层干部包括一些领导部门向农民提供的信息是：市场

上需要什么，就种什么，养什么。但市场上究竟需要什么，又谁也说不清楚。虽然提供一些错误的信息，特别是在调整产品结构过程中，一些地方的领导想当然，并以行政命令的方式强迫农民种这种那，但其结果是种这这赔本，种那那滞销。农民干脆说："上头让你种什么你就种什么的话，准赔！上头不让种什么你偏要种什么，准赚！"

③服务不够及时，滞后于农民的生产经营活动。种什么、养什么才有市场？有什么新品种，用什么新技术，才有效益？这一系列内容是本该在农民生产经营活动前就应向农民提供的，但恰恰在这方面做得很不够。在农民苦于不知种什么的时候，我们提供不了新品种、新项目；在农民苦于不知怎么种的时候，我们还是提供不了新办法、新措施。很多时候我们的服务成了"马后炮"。

④服务力量薄弱，导致服务体系"断层"。从领导来讲，目前究竟是哪个部门、哪级组织负责管理和指导农民服务？是农村各部门还是各级党政组织？似乎大家都在管，又好像谁也没有管。从服务组织来讲，"官办"的有钱养兵，无钱打仗，不能直接服务到户；"民办"的素质参差不齐，且数量有限，难以从事大规模的社会化服务。

⑤服务效果不理想，在农民心目中信誉较低。有些服务组织商业化倾向太严重，"服务朝钱"，强调服务的经济效益，而忽略社会效益。有些服务组织甚至不讲职业道德，对自己有利的就

强迫提供服务，对自己无利的就拒绝服务，更有甚者当面撕毁合同，置农民利益于不顾。特别是假农药、假化肥、假种子、假冒伪劣农机产品等坑农害农的违法犯罪行为时有发生。

三、农村社会化服务体系的目标与内容

随着社会主义市场经济体制的逐步完善，农民对社会化服务的依赖性也越来越大，他们不仅要求在生产过程中提供耕、耙、播、收、植保、灌溉、技术指导以及农药、化肥、柴油、良种等生产资料供应方面有更多更好的服务，而且还要求在信息、信贷、加工、运输、储藏等方面提供系统的全程服务，无论哪一个环节跟不上，都会影响农村经济的正常运转，制约农业的发展，影响农民的收入。因此，建设农村社会化服务体系，是一个艰巨、复杂的社会工程，也是一个发展“三农”的迫切需要。我们必须尽快建设一个能适应农村社会主义市场经济的、充满活力的农业社会化服务体系。建设农村社会化服务体系，有两大目标：一是生产目标，即通过社会化服务，支持农业生产和农业发展；二是制度目标，即通过社会化服务，稳定家庭联产承包责任制。要达到上述两大目标，必须有一个完整的社会化服务体系，这个体系按照服务部门提供的服务内容来划分的话，应由十个子系统构成：

1. 信息服务子系统

这个子系统提供人才、科技、市场、原材料等方面的信息。在现阶段，这类服务十分重要。因为当前许多地方的农村信息闭塞，农民因为难以获得有效的信息，亟须社会相关部门提供及时、准确、适用的信息。科技部、农业部2001年就开始筹建一个全国农村信息服务体系。这个信息服务体系在互联网的基础上分四个层次设置服务站。即中国星火计划服务网站、各省星火计划服务网站、各地市星火计划服务网站和各县星火计划服务网站。各个信息服务站既保持自身的独立性又具有相互间的服务关系。通过音讯、电话、信函、简报、刊物等手段向农民传播各类政策、市场、技术等信息。同时，组织农村社会化服务体系、农技推广人员结合信息资源向农民提供相应的科技、市场、农资、中介等各类服务。

2. 科技服务子系统

它主要包括农村科技推广网络、科技管理体系和农村科普网络三个方面。开展以良种推广、新栽培技术和饲养技术的应用，以及土壤改良、植物保护、禽畜疫病防治为主要内容的科技服务。这类科技服务体系重在抓农村智力开发，大力推广实用技术，普遍举办综合试验示范区，全面开展农业科技联产承包，能够取得较好的社会效益和经济效益。可以说，这类服务是发展优质、高产、高效农业所不可缺少的服务体系。目前中国农村的农民非常喜欢搞科技种田、科技加工、科技赚钱。但由于农村的面积大，科技服务手段跟不上，要将科技意识渗透到农民心中，使科技在农业发展中起到自发、主导的作用，还要走很长的路。科技部依托国家星火计划，开展实施农村科技服务体系建设星火专项行动，并实施五大工程：一是星火科技专家大院模式示范工程。二是龙头企业创新服务中心培育工程。三是农村专业技术经济协会培育工程。四是农村区域科技成果转化中心培育工程。五是农村科技服务能力建设工程。

3. 农机服务子系统

近几年来，随着农业产业结构调整的不断变化，农机服务业也有了较大发展，农业机械化正在逐步走向市场化。农业机械的发展顺应了农业产业化、现代化和农村城市化、工业化要求，顺应了农机市场化和全球化的要求，正在发挥着新的更大的作用：一是农机化服务业的发展促进了农业结构调整。如实施农机科技创新示范工程，大力推广水产养殖、林果、畜禽、蔬菜生产，农副产品加工等机械化技术，这些农机新技术的推广应用，不仅对农业的增产增收产生了积极的推动作用，而且有力地促进了新兴产业的繁荣和发展。二是农机化服务业已成为农民增收的重要渠道。农机作业服务收入成了一些拥有农业机械的农民的重要收入来源。三是农机化服务业的发展促进了劳动力的转移和小城镇的建设。农业机械化的发展，提高了农业生产效率，使近30%的农民从繁重的体力劳动中解放出来，促进了第二、第三产业的发展。同时大批劳动力外出打工，成了农民增加收入的重要来源。

4. 供销服务子系统

这是一个传统的服务体系，这个系统主要帮助解决化肥、农药、柴油、农用薄膜等农用生产资料的供应，帮助打开产品销路。在市场经济条件下，农民所需的农业生产投入物资的供应全部社会化了，传统的自给自足方式既不适应，也不经济。农民不得不走出封闭，向社会寻求生产资料的来源。良好的供销服务，可以降低生产成本、减少生产风险，增加产出与收入。现在一些地方的供销社也开始转变作风，协助政府，统领合作，真正服务“三农”。例如，黑龙江省供销社认为统领和组织农村各种合作经济成分是各级联合社的重要职能。他们的想法得到了省委和政府的支持，黑龙江省农村合作经济组织协会的牌子挂在了省供销社。

5. 加工服务子系统

开展粮、棉、油加工，肉类和禽蛋的加工，对各种经济作物的加工等。加工服务是拉长农业产业链的一个重要环节，或者说，加工服务是农业生产过程的延续，它在对农业的增值方面起着十分关键的作用。当前，由于加工转化不足，有的地方瓜果蔬菜等大量鲜活农产品集中上市后造成供过于求、价格暴跌。一些粮食主产区粮食转化没有解决，仍存在农民卖粮难问题。相反，凡是加工业配套较好、市场营销网络健全、农民种养的产品能够及时进入加工流通领域的地方，农业结构的调整就比较成功。因此，当前农业和农村经济结构调整已不是单纯的生产调整，而是要在提高农业综合生产能力的基础上，大力发展农产品加工业和农村第二、第三产业。

6. 储藏和运输服务子系统

建立仓库、冷库等设施，充实运输力量，开展对产品储藏的服务。这个子系统的形成，是现代农业的一个本质特征，是农业产业化的重要一环，是直接农业生产过程的延续，并进一步发展和创新新的农产品市场。近年来，各地支持农业运输服务，纷纷开辟了农业“绿色通道”，对运送蔬菜、瓜果等农副产品的农用车（拖拉机、三轮车）发放“绿色通行证”。规定有效期，要求只要农用车不违章、不肇事、有牌照、有驾驶证，任何单位不准截扣、罚款和收费，有的还公布了“绿色通道”投诉电话，保证“绿色通道”的畅通无阻。

7. 资金服务子系统

资金服务子系统主要是帮助农业合作经济组织和农户筹集资金，开展资金投向的咨询服务。各类商业银行、信用社以及一些农村成立的基金会，都可纳入这个子系统。

农业和农村经济的发展、农民收入的增加，离不开必要的资金支持。但从近几年的情况看，农村投资份额下降，农村资金外流、农业资金不足问题依然突出。这不仅反映在财政支农资金毕生不断下降，也表现在信贷资金从农村净流出、金融部门支农力度持续减弱。

建立资金服务子系统，要鼓励有条件的地方，积极兴办直接为“三农”服务的多种所有制的金融组织，从根本上讲，这是农村金融体系创新问题。对金融行业的创新，我们以往支持、鼓励的力度不够，为了减少风险，过去很长一个时期甚至对金融组织创新有些回避。实践证明，一味“堵”是不行的。因为农村特别是农户和农村中小企业的金融需求本身就具有多样化、异质性等特点，这要求农村金融创新的力度应当更大。而在创新的同时，又必须注意加强监督，防止新出现的金融组织、金融产品的风险，把创新中的不可预知的负效应控制在最低限度。

总之，建立资金服务子系统，就要以中央政策为指导，运用法律和行政手段，使农业和农村经济发展过程中对各类金融资源产生的有效需求在不违背市场规律的前提下得到最大满足，尤其要使符合条件的农村中小企业和农民在信贷服务方面能够贷得到、用得上、还得好。

8. 农业保险服务子系统

中央把加快建立政策性农业保险制度，促进农业保险的发展，作为增加农民收入的重要措施，充分说明了农业保险在支持和促进农业和农村经济发展、实现和维护农民利益、全面建设小康社会方面的重要作用。也意味着，各类保险机构也被纳入农业社会化服务体系之中。

保险步入为“三农”服务的行列，在当前的重点是农业保险。与我国整个保险业迅速上升的强劲势头相比，农业保险不断萎缩、发展严重滞后的局面，极不适应我国是农业大国、农村人口占绝大多数的这一基本国情；极不适应我国农业和农村经济的持续稳定发展；极不适应促进农民增加收入的迫切要求；也极不适应合理运用世贸组织规则、建立国家支持和保护农业体系的客观需要。因为农业保险是政府合理利用世贸组织规则支持和保护农业的重要途径。农业保险也是世贸组织规则中的“绿箱”政策之一，是世贸组织成员支持本国农业的一种基本手段和有效方式。

9. 法律咨询服务子系统

随着经济的发展，法治的推进，广大农村群众所遇到的法律问题与日俱增，广大农民群众迫切需要法律的指导、帮助，法律服务市场前景十分广阔。小到家庭婚姻纠纷、邻里纠纷、财产纠纷，大到土地承包、开发，农产品种植加工、销售，乃至申领许可证、工商登记等多种形式的非诉讼法律事务，正在向市场化、多样化、法制化的方向发展。农村法律服务网络包括指导村规民约的制定，提高村规民约的质量；为农村基层组织依法决策、依法管理提供法律咨询和建议，帮助农村基层干部运用法律手段，妥善处理一些热点难点问题；引导和帮助乡村企业依法经营，依法维权；围绕产业结构调整、减负增收、土地承包、税费改革等关系农民切身利益的问题，提供法律服务和法律援助。

当前，我国农村法律服务网络已基本形成，农村乡镇普遍建立法律服务所，和律师、公证、法律援助一起面向农村，开展法律服务。但是，由于我国目前法律服务市场主体在实际运作中是“双轨制”的模式，即在大中城市包括少数发达的县城，主要是由10余万名律师（执业公证员）来提供法律服务，在欠发达的农村则有号称7万余人的基层法律服务工作者作为法律服务市场的补充。因此，我国农村法律服务体制要通过进一步健全与创新，要通过各种途径，调动农村法律咨询从业人员的积极性，提升法律服务水平，规范法律服务市场，扶持农村法律服务业的发展和壮大，为农村法治建设作出积极的贡献。

10. 经营管理服务子系统

开展经营决策，建立各种管理制度，对农村集体土地、集体企业、集体经济的经营管理和咨询服务，是农村经营管理服务子系统的功能。农村经营管理服务要突出以下几个方面的服务：一是农村土地承包管理服务。二是农民负担监督管理服务。三是农村专业合作经济组织管理服务。四是农村集体资产和财务管理服务。五是农产品成本核算和农村经济运行动态监测与分析方面的服务。

四、建立农村社会化服务体系的思路

健全的社会化服务体系，是促进农民增收、建设全面小康社会的关键因素，必须紧紧抓住，须臾不可放松。

具体来说，建立农村社会化服务体系，应从以下几个方面着手：

1. 多管齐下，形成合力

农村社会化服务体系是一项面广量大，需要各个部门协调配合共同建设的系统工程。农村社会化服务部门在增强自身实力和活力的同时，还应当自觉走联合服务之路，积极参与服务体系建设的大“合唱”，不仅要增强部门的服务意识，而且要进一步端正服务的指导思想，把注重社会效益和追求自身经济利益统一起来，把本部门事业与农村的发展、经济利益联系在一起，在服务中发展自己；同时，要正确处理好增强自身实力与形成服务合力的关系，从社会效益最大化的原则出发，同心协力把农村社会化服务体系建设好，切实为“三农”服务。

一是各级领导要真抓，切实解决有人管的问题。各级党政组织要把搞好对农民的服务切实纳入日程，真抓实干。要建立农村社会化服务目标管理责任制，哪些服务由谁抓，哪些服务项目由谁管，都要一一明确下来，落实到部门，落实到人头。二是大力发展农民自我服务组织，切实解决有人服务的问题。鉴于当前农村服务力量不接近实际，因此一定要坚持国家、集体、社会、个人多管齐下的方针，特别应突出抓好民间服务组织建设。要大力发展农村中介组织和经纪人队伍，引导他们上连市场，下接农户，围绕市场，发展生产，增加效益。大力发展农民合作组织，实行“民办、民管、民益”，既为农民提供各类服务，又维护农民利益。三是大力发展村级集体经济，解决有钱服务的问题。村级组织在整个农村社会化服务体系中处于非常关键的地位，必须切实抓好。要引导村级组织积极围绕当地资源优势，发展各类企业，实行村有民营或合作经营，既可以安置农村剩余劳力，又可用企业盈余开展对农民服务，开展有偿服务。四是清理规范服务市场，解决有章服务的问题。针对一些地方和服务组织“只索取，不服务”，或借服务之名，行坑农民之实的，要认真进行清理。同时，还应根据现实和发展需要，出台一些规范对农民服务的措施和办法，切实在服务中保护农民的利益。

2. 城乡互动，形成网络

农村社会化服务体系涉及产前、产中、产后各个环节，服务内容主要包括科技服务、生产服务、流通服务、信息服务、信贷服务、供销服务等，服务机构包括国家、集体、联营、个体等组织和实体。因此，它应该是一个以地区性龙头企业为核心，以农村综合服务为纽带，以村集体服务为基础，以农民自办、联办服务组织为补充的多成分、多形式、多层次、多功能的综合性服务网络。这个网络中，既包括城市的服务组织与企业，也包括乡镇的服务组织与企业。因此，这个体系的建立，必须打破城乡、地区、行业、所有制的界限，广泛运用行政、经济、技术等手段，与农户结成经济共同体，为农户提供产供销一条龙服务，实行贸工农一体化经营。

社会化服务体系，依据其所有制归属及承担的服务功能，可分三个层次，一是政府职能部门主管的社会化服务体系；二是农村社区基层集体经济组织兴办的各类服务体系；三是农民自办的各类专业性服务组织，这三个层次要紧密结合，协作互动：

①政府职能部门主管的社会化服务体系。这可谓“城里”的服务组织。从农业部门来讲，依靠农、林、水各专业经济技术部门的科研、培训、推广力量，充分发挥他们开展技术服务的作用。从涉农部门来讲，农村供销社、农村信用社以及粮食等部门充分发挥其所拥有的大批人才和相当的服务设施，为农民提供综

合服务。这类服务组织必须转换职能，改变衙门作风，以扶持“三农”为宗旨，把党和政府的各项农村政策及实质性的扶持，通过服务的方式，落实到千家万户。其中，农业科技推广体系在农业社会化服务体系中有着非常重要的作用，具有服务设施好、组织机构全等优势，是国家支持农业的有效形式。应按照经营性服务和公益性职能分开的要求，改革农业科技推广体制。国家的农业技术推广机构，主要承担公益性职能，包括重大和关键技术的引进、实验、示范，动植物病虫害及灾情的监测、预报和防治等。一般性技术推广工作和经营性服务项目，要通过兴办科技示范场、开展农资连锁经营、实行多形式的技术承包等方式，逐步走向市场。同时，要积极培育多元化的农技推广服务组织，支持科研单位、大专院校以多种形式开展农业技术推广服务。供销社要深化改革，尽快适应农村改革后的新情况、新变化，更好地为农业和农民服务。

②农村社区基层集体经济组织兴办的各类服务体系。要大力发展集体经济，建立各类社区服务实体，强化集体统一服务功能，对农户生产经营实行全程服务。

③农民自办的各类专业性服务组织，各类农产品就是农村民间流通组织运销出去的。因此，要以农村各类人才为主体，引导他们自办、联办各类服务组织，各种专业技术协会等民办服务组织，发挥他们在农业社会化服务中的不可忽视的补充作用，以促进农业经济的进一步发展。

现在，不少地方倡导建立农民自助服务的农民协会，这是建立农村社会化服务体系的一个创举，值得大力推广。实践反复证明，仅仅依靠国家的投资建立农村社会化服务体系步履维艰，单就国家财政维持的科技推广服务网络而言，不少市县、乡镇的农科所、农科站早已难以维系，有的则名存实亡。而农民协会可以说是民有民营的农村社会化服务组织，农民通过认购权益证的形式，即交纳一定的服务费用就可获得享受各种服务的权利。例如，海南的农民协会就十分活跃，有一个乡的农民协会在开展防疫服务方面深受农民欢迎，由会员中的专业人员进行技术指导或防疫技术承包，保证饲养成活率都在95%以上，以出栏肉鸡计算每只仅收费0.05元，1996年以来上埔乡养鸡业基本上杜绝了重大传染病。有一个乡的农民协会在开展车辆运输服务方面，汽车零配件一律按市场价格优惠3%～5%供应会员。对车辆入户、换证、保险及车辆过海都提供服务。这种生产、经营全程一条龙服务的民营社会化服务组织，值得提倡，它为农村供销合作社、信用社、农技站等基层组织的改革昭示了新的方向。农民协会有条件发展成为联系农民与党和政府的桥梁。在农村，虽然有乡镇党委、政府和农村党支部、村委会与农民直接联系，但它们毕竟不是经济组织，只能通过宣传教育和行政权力来组织和动员农民群众，容易产生这样那样的摩擦和矛盾。而农民协会是直接通过共同经济利益的纽带把农民组织起来，通过农民协会贯彻执行党的路线、方针、政策，农民群众就更容易接受，通过农民协会比较集中地向政府反映农民的愿望和呼声，更有代表性和真实性，也更有利于引起党和政府的重视，推动问题的妥善解决。

3. 市场运作，形成实体

在市场经济条件下，农村社会化服务体系为农村进行的服务，应该走实体道路，即成为一个按市场规则运作的经济实体。这是农村社会化服务发展的大趋势，也是农村社会化服务体系得以保持长久生命力的根本条件。如果农村社会化服务体系还像过去那样，靠政府输血来完成为农村服务的职能，是很难有令农民满意的服务的，也难以长久维持下去。农村社会化服务体系只有形成自己的造血功能——通过经济实体提供运行的资本，社会化服务才能保质保量。也就是说，农村社会化服务体系要从行政系统剥离开来，其从事服务业的单位和个人变为独立经营者，并依靠服务来维系生存与发展。这样，他们与广大农民一样，同样要面向市场，同样要建立自主经营、自负盈亏、自我积累、自我发展的经营。他们为农村提供的社会化服务也不再是无偿服务，而是按市场价值规律运行的实体。或者说，社会化服务体系既搞服务，又搞经营，是一种经营服务型。其所走的路子，就是“服务——创收——发展”的路。并通过这条路子，增强自我造血功能，以改善农村服务的功能。通过兴办经营实体，用发展产业的办法发展社会化服务，将会逐渐造就出农村的新型产业来，这就是以服务业为主体的第三产业，这个新型产业的崛起，对农村产业结构的优化，将起着巨大的推动作用。不仅如此，服务实体的举办，也为改革政府机构，转变政府职能，实施“小政府大服务”的目标模式闯出了新路，其意义将十分深远。

4. 规范管理，形成机制

农村社会化服务体系的有效运作，是建立在规范化的基础上。无规矩不成方圆，没有规范的服务既不能持续，也不能产生良好的效益。要实现规范化的社会化服务管理，关键在于加强对农业社会化服务体系建设的领导。各级政府要把服务体系的建设摆在农村工作的重要位置，指定专人负责，真抓实干。

实现规范化的服务管理，必须加强服务设施的建设。良好的服务设施有利于服务的规范。要在充分利用现有机构、仪器设备的基础上，根据当前农业科技发展的趋势，根据农村对社会化服务的需求增长趋势，根据服务部门资金的充沛程度，逐步添置、补充配齐、配足服务装备，逐步增强现代化服务手段，使农村社会化服务更到位、更科学、更合理。

实现规范化的服务管理，应建立起利益激励机制。打破大锅饭，奖勤罚懒，奖优罚劣。鼓励科研、教育单位和科技人员到农村开展各种科技、教育服务，把他们的智力投入与产出的服务效益相挂钩，把服务人员的职称晋级与实际贡献相结合。对有突出贡献的基础农技推广人员要给予表彰和奖励。

实现规范化的服务管理，要逐步把松散性服务管理变为常规性管理，加强服务管理制度建设。制定并完善承包责任制、岗位责任制以及机务、财务、物资保管、作业标准、作业收费、安全生产、业务培训以及考核奖惩等规章制度，向企业化管理转轨转型。建立服务体系，必须建立相应的服务组织，同时发挥服务体系优势，不断拓宽服务领域。

实现规范化的服务管理，必须稳定、提高服务队伍。妥善解决服务人员的报酬、福利、养老保险等切身利益问题，以安定人心，稳定队伍。还必须加强对服务人员的教育培训，强化服务意识，提高服务人员的思想素质和技术素质。

5. 重视中介，培养队伍

中介是社会化服务的一个重要环节，许多服务实际上就是一种中介。而中介的好坏，影响着服务的效果。担负中介职能的经纪人，其作用与地位十分重要。农村社会化服务体系要实现其良好的效益，就必须有自己的经纪人。因此，把这一点作为建立农村社会化服务体系的重要对策而单列出来。

2002 年，由共青团中央、国家工商行政管理总局、农业部、科技部四家单位联合发布了《关于加强农村青年经纪人队伍建设的意见》，这个文件对农村青年经纪人作了定义：农村青年经纪人是在农业和农村经济活动中，以收取佣金为目的，为促成他人交易而从事居间、行纪或者代理等经纪业务的农村青年个人和以农村青年为从业主体即持有经纪资格证书的人员为青年的法人和其他中介服务组织。为进一步加强农村青年经纪人队伍建设，共青团中央、国家工商行政管理总局、农业部、科技部特提出，充分发挥共青团组织和工商、农业、科技等政府主管部门优势，利用1~3年的时间，在全国建立一支规模较大、作用明显的农村青年经纪人队伍，支持他们带头从事农村社会化服务，面向农村青年和农民群众开展优质便捷的技术、人才、资金、物资、信息等产前、产中和产后服务，特别是农副产品市场中介服务，不断引领农村青年勇闯市场，成为农副产品市场的主体，推进农村社会化服务体系建设。主要培养以下几类农村青年经纪人：一是大力培养农村青年科技中介型经纪人。二是大力培养农村青年流通中介型经纪人。三是大力培养农村青年劳务中介型经纪人。

我们要充分利用现有资源，采取多种形式，为农村青年经纪人提高从业素质、增强业务本领提供有效的服务。挖掘、培养、树立一批在推广农业新品种新技术、推进农副产品流通、农业产业化经营中作出突出贡献、具有示范意义的农村青年经纪人。同时，要在培养一批自然人经纪人的基础上，积极引导和帮助农村青年经纪人员共同组成经纪组织，积极培育龙头企业+经纪人+农户、专业市场+经纪人+农户、中介服务组织+农户、科技协会+经纪人+农户等协作关系组织。

第七章

农村基层组织建设：农村稳定的社会基础

中国共产党作为执政党，就是把握国家政权，使国家的经济社会按照党所设定的正确轨道有序地运行。建设新农村，是我们党在新世纪领导全党全国人民进行的一项伟大工程。在这项伟大工程里，必须坚持党在这项工程中的领导地位。我们常说“没有共产党就没有新中国，没有共产党就没有中国特色社会主义”。同样，没有共产党就没有社会主义新农村。建设新农村，党必须站在最前方，既当新农村的设计师，又当新农村建设的领路人与实践者。新农村建设如果离开党的领导，就会迷失方向，就会走上岔路。只有坚持党的领导，充分发挥农村基层党组织的领导核心作用，用党的先进性激励广大农民建设美好家园的积极性与创造性，社会主义新农村的建设才会有步骤、有秩序地进行。

一、加强农村基层党组织建设

党在农村的方针政策的落实，党在农村执政地位的体现，靠的是农村基层党组织。因此，充实和加强农村基层党组织的领导班子，调动农村基层党组织的积极性、主动性和创造性，发挥农村基层党组织的战斗堡垒作用，为加快建设社会主义新农村提供强有力的组织保证。

1. 农村党组织是农村各种组织和各项工作的领导核心

农村党组织承担着巩固党在农村的阶级基础、群众基础和社会基础，团结带领群众建设社会主义新农村的重要职责。因此，加强基层党组织建设，就是巩固党在农村的执政基础。在农村，党的基层组织担负着直接联系群众、宣传群众、组织群众、团结群众，把党的路线方针政策落实到基层的重要责任。推进改革、发展经济和保持社会稳定，都要依靠党的基层组织战斗堡垒作用的充分发挥。基础不牢，地动山摇。基础坚实牢靠，党的整体才会有强大的战斗力，党的执政地位才会坚若磐石。加强基层党组织建设，对于做好农村当前各项工作，构建和谐农村，推进社会主义新农村建设具有极其重要的意义。

农村基层党组织的地位和作用主要表现在以下几个方面：

①对本村的重大问题作出决策，保证党和国家在农村的路

线、方针、政策的贯彻执行。农村基层党组织是党在农村的基层政权，是党的路线、方针、政策的最终贯彻落实者，中央再好的方针、政策，如果没有农村基层党组织的贯彻落实，也是一纸空文。这也是农村基层党组织的重要职责和任务。

②农村基层党组织是带领群众发展农村经济，增加农民收入的组织者。农村基层党组织只有发挥战斗堡垒作用，才能理出一条好的经济发展思路，作为农村经济发展的领导组织，如果能结合本地实际，因地制宜，规划好本村的发展目标，群众就会跟着走，跟着干。“农民富不富，关键在支部”，也正说明了这个道理。

③农村基层党组织是党在农村的象征和捍卫者，是党的形象在农村的体现，党的权威在农村发挥得好不好，党的队伍有没有战斗力，也关键靠党支部去体现，农村稳定不稳定，也与村支部的战斗堡垒能否发挥作用有直接关系。

④农村基层党组织是壮大党的队伍、搞好党组织建设、思想建设的培训者和实施者。农村基层党组织要不断培养入党积极分子，发展党员，为党输入新鲜血液，才能使我们的党永葆青春。要不断加强组织建设、思想建设，开展形式多样的党的教育活动，才能使支部的战斗堡垒作用和党员的先锋作用充分发挥出来。

⑤农村基层党组织是农村社会力量的整合者。村民小组、共青团、妇委会、民兵、治保、调解以及农村经济组织等是农村工

作的基础，党的基层组织是农村各类组织的核心。党的基层组织可以通过党的政治影响力及在农村的核心领导地位，整合、协调这些组织的关系，使其充分发挥各自的职能作用，促进各项工作的健康发展。

农村工作的重点和难点都集中在村一级，党支部的战斗力决定党在农村的执政能力。从总体上看，农村党组织和党员队伍是好的，在农村改革发展稳定中也确实发挥了核心与堡垒作用。但一些党组织仍然存在松散疲软、带富不力、队伍建设后继乏人等现象，一些基层党员干部的能力不适应形势的发展，执政意识不强，社会治理能力弱，发展经济能力弱，解决困难能力弱，处理突发事件能力弱。因此，加强农村基层党组织建设，要着眼于管理民主和农村党组织与党员队伍中存在的突出问题的解决，加强以党组织为核心的村级组织建设，改进农村党组织的组织设置、活动方式和工作方法。切实加强基层组织，提高党员素质，使基层党组织始终站在新农村建设的前列，带领广大农民群众，创造幸福、美好的生活。

2. 如何加强农村基层党组织建设

加强党的基层组织建设是一项长期任务，是一个永恒课题，任何时候都不能有丝毫放松。在建设社会主义新农村的进程中，加强党的基层组织建设，具有更为特殊的意义。

①加强农村党组织建设，关键在于建个好支部，选个好

"班长"加强基层党组织建设，首要问题是重视选好配强基层党支部书记。村党支部是党在农村最基层的组织，是村级各级组织和各项工作的领导核心，是党的路线方针政策的具体执行者。实践证明，凡是物质文明、政治文明、精神文明建设搞得好的农村，都有一个坚强的党支部。有了坚强有力的党支部，就可以带领农民群众沿着社会主义新农村的道路前进。

抓党支部建设的同时，必须选好"班长"。班子强不强，关键看"班长"。建设一个好的领导班子，最关键的是有一个好的带头人，即好"班长"。因此，加强农村党的工作，首先要把基层党组织的"班长"选好。好"班长"的标准是什么呢？一是在政治上坚持社会主义方向，认真贯彻执行党的路线方针政策，勇于改革创新，坚持求真务实，努力勤奋工作，走共同富裕之路。二是坚持全心全意为人民服务的宗旨，时刻想着群众，为群众办实事。三是坚持党的群众路线，有事同群众商量，真正尊重群众、相信群众、依靠群众，善于做群众的思想工作，能正确处理人民内部矛盾。四是依法办事，公道正派，清正廉洁，有好的形象和较高威信，说话有人听，办事有人应。五是有带领群众发展经济的能力，能不断提高农民的物质文化生活水平。

要选出好的带头人，关键在于完善基层党组织干部选拔管理机制。目前，一些农村地区通过"两推一选"、"两票制"、"公推直选"等办法来选拔农村干部。这些办法的共同点，就是扩大用人上的民主，通过认真听取群众意见，把真正优秀的人才选拔出来。在新形势下建设社会主义新农村，要积极探索研究进一步改进农村基层干部选拔任用方式，按照德才兼备的原则，选配好领导班子成员，尤其是要选好一个好的党支部书记，真正把那些务实创新，与时俱进，想干事、会干事、敢干事、干实事的人选进领导班子，增强班子的活力。

②加强农村党组织建设要突出机制创新

一是建立农村党建的落实机制。农村党建工作任务、目标、方法、要求都很明确，关键是要抓落实。二是要把“三级联创”活动作为农村党建工作的总揽来抓好抓落实，要在完善抓三级联创的工作机制、责任机制、奖惩机制上下工夫，进一步深化“三级联创”活动，促进农村党建工作落实。二是要落实党建责任制。对县、乡、村三级党组织的党建工作责任要进一步明确划分，细化到每项具体工作，量化到各个任务指标、考核到分管责任人。三是要建立检查督促制。充分发挥职能作用，采取定期检查与突击检查等多种方式，加强检查督促，及时发现问题，抓好整改，保证农村党建工作落实。

二是构建基层党员干部素质提升机制。要突出培养重点，认真抓好“双优”工程，把致富能手优先培养发展成为党员，把党员致富能手优先培养发展成为村组干部。建立后备人才储备培养制度，把回乡的高中毕业生、退伍军人、打工回乡的有志青年、乡村企业的骨干作为后备干部培养对象，并实行包干培养、跟踪管理。抓好选用。在村支两委换届选举中，解放思想、扩大视野，改进村干部选拔任用办法，全面实行“两推一选”，积极探索党内直选、村支两委及经济组织主职一人担任，成员交叉任职的办法，把一大批思想好、作风正、能力强、威信高的高素质人才选进村级班子。要鼓励和选派优秀大中专学生毕业到基层任职，进一步优化基层班子结构，提升基层干部素质。抓好培训。大力推进学习型社会、学习型村镇、学习型社区建设工作。利用党员冬春训、庆祝“七一”等活动，强化对基层党员干部的国家有关法律条文，党在农村的方针、政策，市场经济条件下经营管理知识，农业先进适用技术和多种非农劳动技能培训。

三是构筑党员作用发挥的长效机制。要为党员充分发挥先锋模范作用，永葆先进性，搭建实践平台。一是分类开展好主题实践活动。农村可以开展“定岗定责、联户帮带”活动，发挥党员带头致富、带领群众致富的领头雁作用。二是注重典型引导。及时总结推介农村工作各个方面的优秀党员的事迹经验，激发党员立足岗位，创先争优的动力。三是关心爱护党员。对党员的家庭生活困难，通过设立党员困难求救中心、党员困难基金会等组织给予关心照顾；对党员在工作上遇到的阻力，组织上要出面协调，撑腰壮胆，当好后盾。党组织的党员能够做到多体谅、多关心、多支持、多帮助，做到真正重视、真情关怀、真心爱护，就能充分保护和调动广大农村党员积极性，就能充分激励和振奋广大农村党员建设新农村的创造精神。

四是创新农村流动党员的教育管理机制。改革开放以来，大批农民和农村党员进城务工，为社会主义现代化建设做出了重大贡献。应尊重他们的劳动，保障他们的合法权益。一方面，务工所在地的党组织要关心他们，尽快建立工会组织和党组织，加强教育管理，维护他们的利益；另一方面，原籍党组织也要加强与他们的联系，了解其在外的情况，关心其生活。同时，加强对外出务工党员的监督考核，既保护好他们发家致富的积极性，又引导他们为建设社会主义新农村献计出力。

③加强农村党组织建设要注重培养“五种能力”

一是加强农村基层党组织的决策能力。能否做到科学决策，是执政能力强弱的直接体现。实现农村基层党组织决策的科学化，必须做到党内民主和人民民主相结合。坚持党内民主，必须坚持民主集中制原则，决策前要广泛听取党员的意见，集中党内的智慧。发扬人民民主，要广泛听取广大农民群众的意见，考虑和满足大多数人的利益要求，集中广大农民群众的聪明才智。对于集体资产、村级财务、村民管理等关系群众利益的重大事项，要建立健全民主监督机制，让一般党员和群众了解实情，积极参与。要用制度规范党员干部的执政行为和党组织的议事决策程序，实现决策的科学化、民主化。

二是加强农村基层党组织的宏观谋划能力。国家有国家的发展战略，村也有村的发展战略。对于一个村来说，制定正确的发展战略特别重要，因为发展战略是一个方向性的问题，它既关系当前，又关系未来，影响深远。正确的发展战略，是实现持续、快速、协调、健康发展的基础和保证。能否制定正确的发展战略，是对农村基层党组织执政能力强弱的实际考验。一个村的发展战略，应包括发展目标、发展步骤和发展途径。既要有社会主义物质文明建设，又要有社会主义政治文明建设，还要有社会主义精神文明建设；既要制定近期发展规划，还要制定中期和远期发展规划。制定发展战略，一定要从本地实际出发，要讲究特色。特色就是实际，特色就是实力，特色就是竞争力。

三是加强农村基层党组织领导经济工作的能力。看农村基层党组织的执政能力，除了看其政治工作能力外，还要看其领导经济工作的能力。要树立和落实以人为本、全面协调可持续的科学发展观，紧紧依靠广大党员和农民群众，充分调动他们的积极性和创造性。在制定正确的发展战略的基础上，从完善水、电、路、通信等农村基础设施入手，大力改善农民的生产生活条件。发展农村经济，要走产业兴村的路子。要坚持以市场为导向、科技为依托、农业产业化经营为主线、“龙头企业+基地+农户”为主要形式，大力发展特色农业、效益农业。要高度重视发展民营经济，加快农村工业化步伐。同时，大力发展第三产业，让更多的农民向非农产业转移。

四是加强农村基层党组织的统筹能力。农村的发展，不只是经济的发展，还包括教育、文化、医疗、社会保障等各项事业的发展。这就要求农村基层党组织具备统筹发展的能力。除了要解决好农民生产经营中的农资供应、技术、信息、资金等问题外，还要对农村存在的就医难、子女上学难等问题给予足够重视。要积极整合农村社会事业资源，建立起行之有效的帮扶救助和保障机制。同时，要注重建立社会稳定保障机制，建立和完善以群防群治为基础、以农村民兵队伍为依托的社会治安服务体系和机制，形成较强的应对各种突发事件、维护农村稳定的能力。农村基层党组织只有在促进农村经济社会全面发展的实践中，知民情、贴民心、解民困、谋民利，才能不断提高统筹发展的能力，把服务百姓，代表群众利益的工作落到实处。

五是加强农村基层党组织运用民主的手段化解矛盾，维护农村稳定的能力。农村党组织是党在农村联系群众的桥梁与纽带，要自觉提高政策水平和依法办事的能力，善于用说服、引导和服务农民的方法，推动农村工作。近年来，因集体利益分配、征地补偿兑现等问题，引发群众上访等不安定事件不断增加，党组织要及时加强对社会矛盾的排查，及时化解社会矛盾，把涉及社会稳定的事件化解在基层，要切实关心体恤民情民意，做好群众的组织协调和思想政治工作，维护大局稳定。

二、村民自治：基层民主建设的有效途径

中国在1978年以后开始了一场新的乡村社会动员运动。这场社会动员运动是从两翼展开的，其一翼是农村家庭联产承包责任制的推广，另一翼则是乡村民主自治的实行。联产承包责任制

是农村经济体制的改革，村民自治则是从民主政治建设方面进行乡村试验。扩大农村基层民主，实行民主选举、民主决策、民主管理和民主监督，保证农民群众行使民主权利，是我国社会主义民主在农村最广泛的实践，是落实依法治国方略的重要基础工作，也是加强农村基层建设、密切干群关系，调动广大农民群众积极性的有效措施。

1. 村民自治的主要内容

村民自治，是指一个乡村社区的成员自己处理自己的事务，自己管理自己。它是我国9亿农民广泛参与基层社会事务管理形成的治理方式和管理制度。广大农民在实践民主中学习民主，在了解民主自治精神的过程中创造民主自治程序，并在村民自治的发展过程中，逐渐形成了以“三个自我”、“四个民主”为主要内容的制度体系。这个制度体系既是村民自治的具体内容，又是村民自治的方式。

所谓“三个自我”，即自我管理、自我教育和自我服务。这是村民自治的含义。自我管理，就是村民依照法律程序组织起来，自己管理自己、自己约束自己、自己处理自己的事务。自我教育，就是通过开展各种村民自治活动，使村民受到教育和提高。在这种自我教育中，教育者和被教育者是统一的。每个村民既是教育者，又是受教育者。自我服务，就是通过村委会等自治组织将村民组织起来，开展活动，满足村民的共同需要，解决村民生产生活的困难和问题，促进社区发展。

所谓“四个民主”，即民主选举、民主决策、民主管理和民主监督，这是村民自治的方式。民主选举，是指村委会主任、副主任和委员由村民直接选举产生，任何组织或者个人不得指定、委派。选举实行公平、公正和公开的原则。凡年满18周岁的村民，只要享有政治权利，都具有选举权和被选举权。由本村有选举权的村民直接提名候选人。实行差额选举、无记名投票、秘密写票、公开计票和当场公布选举结果的方法。村委会每届任期三年，按期进行换届选举。通过民主选举，有利于把群众拥护的思想好、作风正、有文化、有本领、真心实意为群众办事的人选进村委会，加强村委会建设。因此，民主选举是村民自治的基础。民主决策，是指涉及村民切身利益的事项，必须由村民民主讨论，按多数人的意见作出决定。村民议事的基本形式是本村18周岁以上村民组成的村民会议。人数较多或者居住分散的村，召开村民会议有困难的，可以推选产生村民代表，由村委会召集村民代表开会，讨论决定村民会议授权的事项，对于涉及村民切身利益的事项，必须由村民会议讨论决定方可办理。由于民主决策直接对涉及村民利益的事项作出决定，因此是村民自治的关键。民主管理，是指对村内的社会事务、经济建设、个人行为等方面的管理，要遵循村民的意见，在管理过程中吸收村民参加，认真听取村民意见，并根据村民共同参与制定的规章制度管理。民主管理要求村务管理必须充分体现村民意志，是村民自治活动的根本。民主监督，是指由村民对村委会的工作和村内的各项事务进行监督。民主监督包括对民主选举的监督，对村委会决策及行为的监督，对村务通过公开的方式进行监督。民主监督使村务管理上合法律、下合民意，是村民自治活动的保证。

村民自治的制度体系充分体现了直接民主和广泛参与的原则，有效地保障了村民自治权利的实现，同时也促进了社会稳定。

2. 乡村民主之路的开拓与创新

村民自治是农民的创举，这个伟大的创举开拓了乡村民主之路，而在开拓乡村民主之路的进程中，农民充分发挥了潜在创造力，在乡村民主建设中做出了许多创新，归纳起来，有以下六个方面：

①全面推行直选，为乡村民主建设奠基

村民自治中的第一大创新，就是民主直选村委会。这种民主选举制度主要有三大特点：

一是尊重农民的民主愿望，坚持让农民自由选举。由于农民经济上的自主带来了政治上的自主意识加强，而农村经济体制的改革客观上造成了乡村自治空间的扩大，并在政治层面呼唤着与这种制度创新相一致的政治改革，才使得民主选举应运而生。也就是说，农民进行的民主选举的创造，不是单纯无人管事的原因，其中蕴涵着农民希望自己管事的强烈愿望，是乡村民主的萌芽。因此，鼓励农民像抛红绣球招亲一样，把选票自觉自愿地投给自己的“意中人”，是在一定程度上满足农民的民主愿望。而普选活动的大面积开展，绝大多数农民已经认识到手中的选票代表一种实实在在的、当家做主的权利，认识到村委会带领全村致富奔小康的重要作用，从而对手中选票更加珍惜，并力求用好手中的选票。

二是规范民主选举的程序，使村民进行有效的民主教育与训练。农村经过了几届村委会选举后，农民们也逐渐掌握了选举的各个环节，对如何实行差额选举、无记名投票、联合提名、秘密写票等都形成了一套规范化的程序。有一种观点认为，规范化的民主选举，是改造传统社会基础，化解宗族、家族势力的有效途径。而规范民主选举程序最为关键的一点，就是可以使农民得到有效的民主教育与训练。即通过规范化选举，使农民不仅了解到什么是民主，而且还懂得了怎样做才是民主。

三是贯彻公开、公正、公平原则，选票面前人人平等。推行直选最重要的一点，不是上级领导干部说话，而是让选票说话。各地乡村基本上都坚持了“三不”的原则，即不包办代替，由村民直接酝酿协商确定选举对象；不内定名单，由村民直接提名推荐候选人，并按多数村民的意愿确定候选人；不画框框，由村民直接投票选举村委会成员，保证每个村民都有参与选举以及被选举的机会。而一些地方由原来组织推荐和群众提名相结合的选举，发展到鼓励年轻有为且甘愿为群众服务的能人在村民代表大会上毛遂自荐，公平竞选。竞选者在选民会上讲做法，谈规划，让村民代表知情知底，选出候选人，然后再召开村民大会进行直接投票。这样的选举，让村民都有了一种“真正当家”的感觉。

②实施村民代表会制度，增强村民行使民主权利的权威性

民主选举村委会干部，只是乡村民主走出的第一步，如何使民主选举出的村委会干部能遵照村民的意愿正确行使职权，则是关键。否则，村民的民主权利只是一个空壳。在村民自治实践中，许多地方都坚持不懈地实施村民代表会制度，村委会与村民代表共商大事，共同决定本村的前途命运。

一是村民代表会有权威性。村民代表会要有权威性，必须保证村民代表能够代表村民：为村民代言，为村民做主。有的地方实行“一长两会制”，“一长”即一家选一个家长，每十个家长中选一位能力强的家长作村民代表，再由全村的村民代表组成村民代表会。有的地方则再从村民代表中选出一位村民议事会成员，组成村民议事会。这样选出来的村民代表，既有代表性，又有权威性。此外，一些地方对村民代表也实行换届选举，与村委会换届选举同步。

二是村民代表真正能“拍板”。建立村民代表会，并不是只让村民代表充当“拍手”与“举手”的角色，而是让他们有职、有权、有责，成为村里重大事务的决策者。一些地方在建立村民代表会时就明确宣布“四有”：一有职，代表同村民小组长一样，经群众选举之后，报乡镇政府备案，并保证村民代表会有

“四子”：活动有房子，坐有位子，村委会门口有牌子，行使职权有章子；二有权，凡是涉及全村村民利益的问题，村委会必须提请村民代表会讨论决定，讨论未通过的不能强制执行；三有责，规定村民代表会必须对本村的重大事情负责，凡是讨论通过的决定，必须带头执行，还要做好群众的思想工作。四有章，对村民代表会的议事原则、议事内容、议事方法、议事期限、已决事项的变更办法，都制定具体条文，使村民代表会的行为有章可循。

三是村民代表会必须常理事。一些村民自治开展得好的地方有一个最深刻的感受，就是村民代表要常理事。正如一些村民代表所言，“村民代表会不能像庙里的木头菩萨，光坐不做事。村民代表会越管事，就越有权”。尽管，村民代表会召集多了有一些操作上的难度，但让村民代表多管事，则可避免村委会许多错误的决策，有效地加强村务的民主管理。

③规范实施村务公开

村务公开，使村组织的行为成为“阳光行动”，置于群众的视野之中，这是村民自治的重头戏。自治就要民主，民主就要公开，这是扩大基层民主的必然要求。在村务公开方面，着重抓了四个“点”：

一是明确基本点。确定村务公开从何入手，是保证村务公开有效开展的前提。20 世纪 90 年代中期，各地开展的村务公开活动中，对村务公开的内容、程序、形式、时间、管理等形成了一定的规范。

二是突出着重点。村务公开的着重点，应该是农民最关心、反映最强烈的问题。只有将农民最关心、反映最强烈的问题向农民交了底，就能得到农民的理解和支持。有的地方突出了三个着重点：把重大村务的决策权公开交给群众；把重要事情的办理程序公开亮给群众；把热点、难点问题处理结果公开报告群众。而这三点中，财务公开又是重中之重。因为财务的清白与否，可以让村民在一定程度上了解村里的家当及村委会干部的廉洁与否，当每个村民对集体财产的收支有一本明白账之后，就知道该如何当好家，该如何堵住腐败之源，也在村干部与村民之间搭起了一座增进了解与信赖、增强凝聚力、形成发展经济合力的桥梁。

三是找好结合点。在村务公开方面注意把村务公开与村民自治的其他工作有机地结合起来，以求得民主建设的双倍效果。例如，结合民主选举，对选举的条件、名额、程序、结果等实行公开；结合民主决策，对决策的事项、目的、要求、结果实行公开；结合民主管理，对党务、政务、人事、经济等方面管理实行公开；结合民主监督，对组织监督、群众监督、制度监督、监督程序、监督结果等实行公开。从而把村委会的一切行为都置于村民的监督之下，促使村委会集中精力为村民办事。

四是利用激励点。村务公开的最终目的是提高两个积极性。一是村干部勤政廉政的积极性，二是村民参政议政的积极性。因此，村务公开首先是给村干部增加压力，促使他们在村务开支上力求清白，促使他们努力完成自己上任时对村民承诺的事情以有个明白的交代。其次是村务公开给了村民对村务的知情权和监督权，就会增强参与管理意识，把村里的事情当做自己的事情，把村里的困难当做自己的困难，并积极向村里献计出力。

④完善自治章程，把民主管理纳入法制的轨道

建立规范的村民自治章程，是保证乡村民主建设有效进行的必要途径。任何民主形式，只有上升到法律高度，才能成为真正的民主。建立村民自治章程，就是推进乡村民主向法律轨道运行的必经之途。

一是与现行法律接轨。在开展村民自治的过程中，一些村制定的村规民约对村民实施管理、约束，起到了一定的作用，但是随着法律的普及，包括一些农民都感觉到村规民约在许多地方与法律不符合，甚至发生冲突。20 世纪 90 年代初，一些村就开始尝试制定比村规民约更高一级的村民自治章程，由县司法部门派人员指导，在不违背现行法律法规的基础上，制定出与本地实际相符合的《自治章程》进行自我管理。

二是与村民意愿接轨。自治章程是自立规矩，是自治权的重要体现，是村民意愿的充分体现。在自治章程制定过程中，应充分考虑到两个方面：第一，自治章程是以维护村民的合法权益为出发点，正面引导村民的行为。以往制定的村规民约，主要带有单纯惩罚的性质，在一定程度上限制了村民的权利，而自治章程则增加了激励性、保护性的内容，从积极的方面维护了村民的民

主权利。第二，自治章程制定坚持“全民公决”的原则。因为自治章程的内容是全体村民意志的集中体现，自治章程的实施也有赖于全体村民的积极配合。如果不经过群众的讨论、认可，再好的章程也难以实施。

三是与乡村实际接轨。自治章程能否起到“地方法”的效力，还要看其是否符合本地实际，是否能够让农民在实际中具体操作。许多地方把自治章程与村规民约结合起来，对涉及本地诸如封山育林、查禁赌博、计划生育、五保供养、修路筑桥等各项具体事务的管理都有具体的条文，同时，由村民建立自治章程实施的组织体系，保证自治章程的有效实施。

⑤用经济的发展促进乡村民主步伐

村民自治模范单位给我们的一个重要的启示是：扩大乡村民主，必须落实“硬道理”、积极发展乡村经济。虽然从理论上讲，民主与经济的发展并无必然的联系，但事实上，当经济发展到一定程度时，人们往往会追求一种新的生活状态和新的利益分配原则，而民主则是最理想的生活状态和最理想的分配原则。村民自治是以经济发展为前提产生的。它是农村经济转型引发的农民的民主行为。也就是说，经济与民主的发展相辅相成，经济为民主发展提供坚实的物质基础，民主政治的进步又为经济的发展提供了宽松的外部环境和内部动力。

⑥营造乡村民主建设的良好氛围

村民自治主要是农民的创造，如果没有良好的社会环境，即使是再美好的民主萌芽，也有可能夭折。村民自治能有今日的辉煌，与各级党委、政府营造的社会大环境密切相关。一是党和政府对农民首创精神的肯定与支持，是乡村民主建设的强大推动力；二是从政策法规上确认农民的民主权利，为乡村民主建设保驾护航；三是组织一支高素质推行村民自治的干部队伍，引导农民不断拓宽民主通道。

中国农民问题是中国历史上的一个根本问题，也是现代中国发展的根本问题。实行村民自治，让村民自己管自己的事，是解决当代中国农民问题的最理想的途径，也是最大限度地调动农民积极性的有效措施。有人说，中国政府能够“在急剧变革的现代化进程中，将人数众多的农村人口纳入政治参与的渠道，而又不导致社会混乱，妨碍民主化进程，这是中国所独有的、世界任何国家都不曾面对的难题”。中国对这个世界性难题作出了比较令人满意的答案，并在播撒民主种子，培育民主法制，维护乡村稳定，促进经济发展的过程中，继续开创着新的道路。

三、新世纪乡村关系重组

实施村民自治，是推进基层民主和社会主义政治文明建设的重大举措，也是保持农村稳定的重要条件和机制。作为组织村民进行自我管理、自我教育、自我服务的村民委员会，无疑要在基层民主建设中唱主角。但是，这个主角要想在乡村的田野大舞台上唱出时代的壮剧，又必须依靠乡镇政府的指导、依靠基层党支部的领导与广大村民的支持。实际上，由于村民自治涉及乡村社会权力、利益格局的重新分配，也必然涉及与村委会有直接关系的乡镇政府、村党支部和广大村民这三对关系的重组。

1. 乡镇与村委会关系的重组

《村委会组织法》规定：“乡、民族乡、镇的人民政府对村民委员会的工作给予指导、支持和帮助，但是不得干预依法属于村民自治范围内的事项。村民委员会协助乡、民族乡、镇的人民政府开展工作。”按此规定，乡镇政府与村委会的关系从过去的行政隶属转变为指导与被指导的关系，乡镇政府成了指导者，村委会则成为新的权力载体——村民自我管理的组织者与乡镇政府工作的协助者。如何理顺乡镇与村委会的关系，则成为乡镇与村委会面临的一个新课题。

①让村民充分行使民主权利，政府当好指导员。乡镇政府与村委会关系的处理，首先体现在乡镇政府对村民自治的政策引导上。例如，在换届选举中，乡镇政府可派出工作人员下到各个村，从政策、法律、选举程序及选举的方式方法上对村民进行指导、示范，引导村民对换届工作的有序参与，选出自己的“意中人”。同时，新的村委会班子选好后，又依据《村委会组织法》的要求，指导村委会建立起任期目标责任制、健全村民会议或村民代表大会制度、重新规范村务公开的内容与程序、修订

自治章程。并组织新上任的村委会干部进行岗前培训，从理论与实践的结合上，提高他们的政策水平、工作能力和组织协调能力。这样，既保证村民自治循着正确轨道健康发展，又让村委会与村民深切感受到：政府真心实意把权力交给了农民。

②变资源优势为指导优势，政府要当好服务员。乡村管理格局中的乡镇政府虽然转换成指导角色，但其所拥有的社会资源优势并没有减弱，包括政策法规的供给、外资外商的联络、农业科技的推广、市场信息的提供、流通渠道的开拓……这些社会资源，既是任何一个乡村发展所不可缺少的条件，也是乡镇政府“指导”的资本。为了发展农业经济，县、乡政府可以利用自己的资源优势，聘请专业技术人员下到村里，指导科学种养，指导建设生态文明村等。同时，还可充分利用县、乡镇的社会资源，为村里牵线搭桥，帮助村里引进项目。往往引来一个好项目，就等于为村里栽下了一棵常青的摇钱树。

乡镇政府努力把资源优势转化为促进乡村发展的动力，也会调动村委会协助乡镇政府完成各项工作的积极性。如果乡镇政府帮助村委会谋发展的同时，提出一些工作要求时，且提出这些工作要求，坚持在自愿和平等协商的基础上，不搞强迫命令，必然改变过去村委会的权利与义务不对等的状况，给乡政府与村委会工作的良性互动打下了稳固的基石。

③排民忧解民难，政府当好协调员。实行村民自治，并非村里的所有事务，村委会都能自行解决，如维护社会治安、调解民

间纠纷、抗灾救灾等，单靠村委会力量很难解决，要靠上级政府为之协调。村里进行基础设施建设时，常常会遇一个最大的难题——建设资金不足，融资相对困难。在这种情况下，乡镇政府可加大综合协调力度，通过多种途径进行筹资：政府出一点，村集体出一点，联系单位支持一点，村民出一点等方式，为村里排忧解难。如果乡镇政府帮助村委会解决的难题多了，村委会也会深深感到，协助乡镇政府完成上级各项任务，不仅是《村民委员会组织法》所规定的村委会应尽的义务，而且是获得乡政府支持的最佳途径。这样，村委会在遇到难题时找乡政府，日常的工作也注意到与乡政府通气，甚至主动到乡政府询问“上面又布置了什么任务”，力求早点知道信息，尽快完成政府任务。

实践证明，乡镇政府成为“指导员”的角色之后，并不会削弱政府权威。“指导”运用得好，也可以形成一种新的权威——如果每次的指导行为最终都能使村民获益，那么，乡镇政府的指导就具有比行政命令更有效的权威性，尤其是通过服务途径进行的指导，更能够获得一种信任、依赖。

2. 村党支部与村委会关系的重组

在农村，人们对党支部和村委会的关系问题有这样的概括：支部是核心，村委是中心，两心合一心，致富有信心。处理“两委”关系问题，关键是在“核心”与“中心”之间寻找最佳的结合点。

①要确保党支部的领导核心地位。《村民委员会组织法》第3条规定："中国共产党在农村的基层组织，按照中国共产党章程进行工作，发挥领导核心作用，依照宪法和法律，支持和保障村民开展自治活动，直接行使民主权利。"在处理"两委"关系上，要始终坚持这样一个大前提：确保党支部的领导核心地位，必须保持党支部成员的先进性。为使党支部成为领导核心，乡镇党委要加强对村党支部的班子建设，选强配好村党支部成员，尤其要选拔一个作风好，纪律强，有奉献精神的支部书记。同时，在选拔出精干的党支部班子的前提下，鼓励村党支部成员竞选村委会成员，包括竞选村委会主任，加强党对农村各项工作的渗透力，确保党支部在村级民主政治建设中发挥领导核心作用。

②职责明确，分工纳入制度化轨道。从制度调适而不是从传统的人际关系调适村委会与村党支部的矛盾，是基层民主建设的发展趋势。通过建立健全有关规章制度，对村党支部和村委会各自的职责、履行职责的程序和应注意的事项作出明确规定，可以保证"两委"在制度的轨道上良好运行。一些村民自治示范村在协调两委关系上，制定了一系列制度，如"两委"联席会议制度，民主生活会制度，党员代表议事会、村民代表议事会制度等。制度执行好的地方，村委会大都能主动向党支部汇报情况，以求得到党支部的支持；党支部也十分尊重村委会的意见，保证村委会充分行使职权，发挥村委会独立自主的创造性和积极性。事实上，这些村的现实告诉我们：把"两委"行为置于制度约

束之下，既能减少在原则问题处理上的感情因素，也能最大限度地减少工作中的矛盾和摩擦。制度建设越好的地方，村民自治开展得也越顺畅，“两委”关系也越和谐。

③增强村委会先进性，把村干部培养成党的人。由村民选举出来的村委会干部绝大多数是村里的能人，大都有一颗开拓进取、带领村民致富奔小康的雄心，他们是基层党组织依靠的重要力量，必须按照“三个代表”重要思想要求培养他们。特别是那些非党员的村委会干部，鼓励他们在政治上争取进步、积极靠拢党组织。一位村党支部书记对此深有感触，他说：“把村委会干部变成党的人，是协调‘两委’关系的最好办法”。确确实实，如果党支部能够加大对非党员村委会干部的培养力度，尽快把他们纳入到党组织中来，使其不仅能够进一步提高其先进性，而且能够在党的领导下保持正确的方向。

3. 村委会与村民的关系的重组

在村民自治的框架下，村民是基层民主权利的主体。他们有权选村官，有权决定村中大事和群众普遍关心的问题，有权对由他们自己选举出来的村干部的行为以及村委会的工作和村内的各项事务实行民主监督，有权按照规定程序撤换不称职的村干部。村委会只是群众选出来为反映村民民主要求的代言人、为村民办事的“公仆”，村委会的权力来源于村民。因此，村委会干部只有把村民授予的权力用好，才能获得村民的信任、支持。

①“村官”由谁当，村民说了算。村民自治，村民赋予了村委会很大的权力，如对集体财产的处置权，村里的各种资源的分配权，政府为发展农村下拨的扶贫款、改水修路等基金的使用权，在城郊型农村还有巨额征地款的分配使用权等，都与村民的利益密切相关。因此，要教育广大村民认识到：村官选得好不好，关系到全村的兴衰，从而珍惜他们手中的选票，坚持把选票投给自己的“意中人”，坚持把自治的权力交给自己所信赖的人，也才能保证选上的村官能为全村谋福利。正由于“村官”当与不当，真正靠村民的选票决定，那些被选上的村委会干部，皆深感肩负重托，工作也会如履薄冰，其责任感也时刻提醒他们：要搞好与村民的关系，争取下届获得更多的选票，只有一条路：认真当好村民的“仆人”。

②村务由谁定，章程最有权威性。乡村民主逐步走向成熟的一个明显标志，便是村民自治的实践纳入法制化轨道。村里的大小事务，并不是由谁说了算，而是按照制度——章程确定。这样，可以既避免什么事都是村委会说了算，也避免了村委会干什么都有人反对或讲闲话的现象。

③要做清白“官”，先让村民当明白人。村干部要获得村民的拥护，首先要自觉地把自己置于村民的监督之下，让村民有知情权。村干部要做清白官，必须先让村民当明白人。近年来，从民主选举到民主管理，都引入了监督机制。村委会按期向村民会议报告工作，村民会议定期审议村委会成员。尤其在村务公开方

面，对村务公开的形式、程序、时间、内容都作出明确而具体的规定，特别是涉及村中重大事项和群众普遍关心的问题，都及时让村民了解实情，实行监督。

④谁能带民富，谁就得人心。村民很实在，他们公开声明，谁能给村民带来实惠、促进村里经济发展，他们就拥护谁。换言之，村干部要想保持直选中获得的权威，最根本的方法就是发展经济，带领村民脱贫致富。反之，没有社会生产力的提高、没有乡村社区经济发展做后盾，村委会的权威就很难得到认同，传统家族势力就会阴魂不散，有形无形地影响着乡村社区的权力结构。在经济搞得红红火火那些乡村，村干部在群众中的威信极高，不仅村民的经济活动请他们当参谋，就连邻里的小纠纷处理都是村干部一锤定音。究其因，就因为经济获得大发展。所以，村委会要处理好与村民的关系，最最关键的一条，就是把经济发展作为村民自治的第一要务，通过经济发展，让村民走上小康之路。

村民自治之后的乡村关系重组，其状态的好坏直接影响着乡村民主的质量，影响着乡村的稳定大局。只有理顺了上述三对关系，让农民真正成为村民自治的主体，农民的积极性就会极大地提高，不仅村民自治中的其他问题能够找到有效解决的途径，整个“三农”问题也应当可以找到有效解决的途径。